LA MÉDITATION TAOÏSTE

Philippe Gouédard

LA MÉDITATION TAOÏSTE

EYROLLES

Éditions Eyrolles
61, bd Saint-Germain
75240 Paris Cedex 05
www.editions-eyrolles.com

Cet ouvrage a fait l'objet d'un reconditionnement à l'occasion de son deuxième tirage (nouvelle couverture et nouvelle maquette intérieure).
Le texte reste inchangé par rapport au tirage précédent.

Mise en pages : Istria

© Groupe Eyrolles 2011, pour le texte de la présente édition
© Groupe Eyrolles 2014, pour la nouvelle présentation
ISBN : 978-2-212-55954-5

SOMMAIRE

AVANT-PROPOS

La méditation taoïste porte le nom chinois de Neï gong : *Neï* faisant référence à l'interne et *gong* à la technique. Rentrant dans la catégorie du taoïsme philosophique, elle n'a rien à voir avec la religion. L'objectif c'est la santé du corps. Quelle que soit votre croyance ou votre religion, vous pouvez pratiquer cette méditation sans crainte. Il s'agit bien d'une méthode taoïste pour renforcer la santé.

Par un travail précis sur la respiration, chacun pourra développer son *Qi* (*Qi* peut être traduit par « énergie » ou « souffle »).

Bien entendu, un réel travail sur le Neï gong demande d'être suivi physiquement par un professeur compétent en la matière, c'est-à-dire lui-même taoïste. Malheureusement, ils sont très rares. Vous trouverez dans ce livre les bases de pratiques. Bases suffisantes pour vous assurer la relaxation et une bonne santé au quotidien.

L'objectif de cet ouvrage est donc de vous ouvrir la porte vers une pratique millénaire, de manière simple et détaillée, afin de vous procurer un moment de paix quotidien. Ce travail pouvant être tout à fait complémentaire à la pratique du Taï chi chuan ou à celle du Qi gong, traitées dans mes précédents livres chez le même éditeur.

INTRODUCTION

Pourquoi méditer

Le chaos et le Tao

Dans notre monde d'aujourd'hui règne un certain chaos, nous entendons parler de guerres, de violences de toutes sortes, de racisme, de catastrophes, de pollution, de décadence sociale. L'homme se déshumanise, il doit faire face à l'exploitation, aux abus, au stress. L'individu est un trésor, mais la pression de la masse le couvre de fange.

Ce n'est certainement pas en se culpabilisant ou en laissant d'autres nous culpabiliser que nous allons changer quoi que ce soit. Oui, l'homme au sens le plus large est responsable de tout cela, effectivement la nature se révolte. Mais l'individu possède en lui le pouvoir d'inverser le processus. Ce n'est pas seulement en adhérant à tel ou tel mouvement plus ou moins à la mode qu'il va y parvenir. Même si ces mouvements sont sincères à l'origine, au bout d'un certain temps intervient la question de l'argent. Alors des intérêts peu louables entrent en jeu et la perversion débute, et au final nous nous retrouvons dans une nouvelle manipulation. C'est surtout en découvrant que chaque individu détient une clé que ce processus peut s'inverser.

Cette clé, c'est se respecter soi-même en évitant de dégrader son corps (abus : alcool, drogue, tabac…). Comment peut-on respecter la planète si soi-même on laisse son corps se dégrader ? C'est juste inconcevable. Pour les taoïstes, le corps est un temple. Si vous laissez le temple en friche, vous n'avez pas envie d'habiter dedans, votre âme véritable, votre *être* n'en veut pas.

Du physique au spirituel, voilà la démarche taoïste. Méthodiquement, progressivement, nous allons nous réapproprier notre temple, en menant une vie simple, saine et en respectant quelques principes. À notre niveau, ce n'est pas le retrait du monde qui est nécessaire. Au contraire, il faut vivre le monde, vivre sa vie, car le monde est beau et notre vie est belle en ce sens que c'est une formidable expérience de construction de l'individu.

Extérieurement, nous sommes ce que nous paraissons ; intérieurement, nous sommes ce que nous sommes. Nous avons un corps, sorte d'enveloppe, qui vient de la terre et retournera à la terre. Nous avons intérieurement une part terrestre également avec nos organes, mais aussi une part céleste avec notre esprit.

Notre propos va être d'unir l'interne et l'externe, de fusionner le ciel et la terre. Tout l'aspect de la pratique taoïste au travers de disciplines comme le Taï chi chuan, le Qi gong et la méditation n'est autre que le passage du corps au « Karcher » pour habiter un « temple » sain.

Prévention et conscience

Quand nous sommes malades, nous allons chez le médecin, ce qui est normal. Son travail va consister à s'occuper de la maladie ; il ne va pas réellement s'intéresser à la personne. Son travail est un travail externe. La vision chinoise est différente, tout en étant complémentaire. Il s'agit de s'intéresser à la personne d'abord puisque c'est elle la racine, la maladie n'étant en fait que le reflet de notre façon de vivre. La maladie est l'effet externe d'une cause interne dont l'origine peut remonter bien avant l'apparition des premiers symptômes. À ce niveau et en complément de toutes médecines quelles qu'elles soient, le rôle de la méditation taoïste sera essentiellement préventif – le but est de conserver notre être en bonne santé – et complémentaire quand la maladie survient permettant ainsi une meilleure récupération en renforçant l'action médicale.

La médecine va gérer l'externe ; la méditation va gérer l'interne.

Il faut également prendre conscience que notre être véritable habite le corps, mais n'est pas le corps. Il se doit de l'entretenir et nous devons entretenir cet être.

La méditation nous place en spectateur actif puisque nous devons prendre conscience que nous ne sommes ni le corps, ni les pensées qui l'envahissent, l'ensemble appartenant à notre part terrestre donc appelée à disparaître avec la mort. Tandis que la part de notre être véritable qui était avant sera également après.

« Les invités viennent et s'en vont, mais l'hôte reste le même. »

Osho

Présence

Méditer, c'est être totalement présent dans l'instant. Aucun accessoire n'est nécessaire. Il vous faut juste trouver un espace tranquille qui vous servira de « repaire » pour pratiquer. Chaque fois que vous vous placerez dans cet endroit, vous entrerez plus facilement en méditation. Après quelque temps de pratique, vous vous apercevrez que le simple fait de penser à cet espace crée en vous un sentiment de bien-être et de sécurité. Plus vous allez pratiquer régulièrement, plus vous découvrirez que ce lieu est en vous et qu'il est toujours avec vous où que vous soyez et quoi que vous fassiez. L'interne ne peut être ostensible, il ne peut être en dehors de vous, il est en vous et il **est** vous (votre être véritable).

La pièce ou l'espace dans lequel vous vous placez n'est en fait qu'un moyen de se « raccrocher » à l'externe, comme un enfant qui a besoin qu'on lui tienne la main pour assurer sa marche. En réalité, vous n'en avez pas besoin. La méditation peut se pratiquer partout, aussi bien dans l'action que dans l'inaction. Être là sans jugement, sans commentaires intempestifs, juste voir les choses pour ce qu'elles sont, sans plus. Sans doute vous êtes-vous déjà surpris à contempler un paysage, ou à profiter d'un simple instant de plénitude sans réellement en connaître la cause. Vous étiez juste bien et oubliiez le temps qui passe. Eh bien, méditer, c'est cela, sauf que ces instants échappaient à votre contrôle et que désormais vous allez pouvoir les provoquer consciemment.

Afin d'en comprendre l'essence et de cultiver la réalité de la vie, commencez par établir une base solide dans les activités quotidiennes. La véritable voie vers l'unité (corps-esprit) ne consiste pas à rester assis et à attendre tout en menant une petite vie tranquille. Bien au contraire, la méditation est un ouragan qui va attiser le feu du cœur. Il faut travailler sans relâche avec une constante vigilance et ce, quoi que l'on soit en train de faire. Ce n'est qu'à cette condition que vous accéderez à la véritable autonomie. Cette autonomie interne, nul, excepté vous, ne peut vous l'enlever. La plupart des personnes qui se disent autonomes ne le sont bien souvent qu'en partie seulement. Extérieurement, elles en ont toutes les apparences. Intérieurement, elles sont esclaves de leurs désirs. La véritable autonomie ne s'expose pas et elle est à l'image de l'étoile polaire : immuable. Au fil des jours, le ciel change mais l'étoile polaire ne bouge pas.

Un symbole

La voie, c'est la présence immédiate et entière. Pas de passé (il n'est plus), pas de futur (il n'est pas), juste le présent, l'instant. C'est ici et maintenant que vous pouvez atteindre la dimension verticale, de la terre vers le ciel.

Par la présence immédiate, vous quittez le plan horizontal : passé, présent, futur. Vous quittez cette éternelle fuite vers l'avant qui en réalité ne fait que vous ramener sans cesse dans ce cycle : hier vous étiez là, demain vous serez là, aujourd'hui vous êtes là. Hier, c'est la seconde qui vient de passer, demain c'est celle qui arrive. Avec l'aide de la méditation, profitez de la présence dans la seconde où vous êtes pour stopper le cycle et vous élever.

C'est cela le symbole de la croix, la rencontre de l'horizontale avec la verticale, le point précis où le plan terrestre peut s'élever vers le plan céleste. Ce point de rencontre, c'est l'humain : seul être vivant à se tenir à la verticale et ayant une intelligence. Les animaux aussi méditent, mais comme il leur manque la verticalité, il est difficile pour eux de s'élever.

Unification

Pour pénétrer dans l'instant, au calme, commencez par accorder le corps et l'esprit afin de les rendre libres et paisibles. Puis baissez les paupières et tournez le regard vers l'intérieur. Si votre esprit se met à « courir », si vos pensées vont dans tous les sens, laissez-les passer et cherchez l'unité en vous concentrant sur la respiration. Si votre souffle est trop fort et bruyant, utilisez l'esprit pour unifier votre corps et votre esprit. Ainsi votre respiration va contrôler votre esprit et votre esprit va contrôler votre respiration, permettant au corps de se détendre et au *Qi* de se mettre en mouvement à l'intérieur.

C'est une expérience qui ne peut être qu'individuelle. Les yeux fermés, apprenez la vigilance par un regard intérieur et une écoute de vos sensations, de vos tensions et du contrôle de votre souffle. Les yeux et les oreilles sont des organes sensoriels que nous utilisons pour identifier l'extérieur. Ils sont certes utiles, mais ils contribuent à nous faire vivre dans l'illusion. Nous jugeons à travers eux, nous aimons ou condamnons, nous nous fions bien souvent à l'apparence et à ce qui conforte notre ego. Nous pratiquons en quelque sorte un tri sélectif.

Tournés vers l'intérieur, ces sens vont assez rapidement s'adapter et chercher de nouvelles sensations. Ils partent à la recherche du moi véritable, celui que nous cachons sous notre carapace, que nous avons même oublié : notre être.

Lâcher prise

Il est possible que quelquefois vous ayez tendance à vous assoupir, c'est normal. Dans ce cas, levez-vous et faites un peu d'exercice. Si la méditation devient un effort, vous restez dans l'externe. Lâchez prise pour rentrer dans l'interne.

Peu importe la durée de votre méditation. L'essentiel est que vous laissiez vos occupations ou préoccupations au vestiaire.

C'est une aventure formidable que vous vous apprêtez à vivre. Comme dans toutes aventures, il y aura des joies, des peines et des peurs.

- La plus grande frayeur sera d'être face à vous-même.
- La plus grande peine sera de vous rendre compte que vous êtes dans l'illusion et que vous êtes un illusionniste.
- Mais la plus grande joie sera de vous rencontrer.

C'est le lâcher-prise qui vous ouvrira la porte pour faire le travail préventif, pour avoir la conscience de votre être et la présence, pour passer d'un coup du plan vertical au plan horizontal. Posez vos valises.

Prévention, conscience, présence, symbolisme et unification ne sont possibles qu'avec le lâcher-prise.

Je terminerai cette introduction par une citation qui est en parfaite adéquation avec la méditation.

C'est un extrait de l'évangile (étymologiquement : « bonne nouvelle ») de Thomas :

« Le royaume des cieux
Il est en toi.
Et il est tout autour de toi. »

Évangile de Thomas

PARTIE 1

LES FONDEMENTS ET LA TECHNIQUE

CHAPITRE 1

ASPECTS PHILOSOPHIQUES

Au programme

- Taï chi chuan, Qi gong et Neï gong
- Introduction au taoïsme
- Le corps montagne
- Une pratique interne de santé
- Les causes des maladies
- Avoir une alimentation équilibrée
- Le *Qi* et les méridiens
- Les méridiens
- Spécificité de la méditation taoïste : le Neï gong

Taï chi chuan, Qi gong et Neï gong

Dans le Taï chi chuan comme dans le Qi gong, l'énergie circule dans tout le corps d'une manière fluide et continue. L'inspiration se fait par le nez, l'expiration se fait par la bouche. En Neï gong, la méthode de travail est différente au niveau du *Qi*. En plus de ce travail, dans la méditation, il faut chercher à absorber l'essence du ciel (plus précisément du soleil) et de la terre par deux « portes », l'une située sur le sommet de la tête et l'autre entre les jambes.

Même s'il est courant de classer le Taï chi chuan et le Qi gong dans la catégorie des arts internes, ceux-ci restent cependant plutôt « externes ». Ils correspondent à l'aspect Yang car ils nécessitent l'utilisation du corps. On y renforce ses muscles, ses os et sa peau ;

par le travail sur le *Qi* associé à la respiration, les muscles s'étirent, ce qui a pour effet d'activer la circulation du sang. Ce sont des arts internes en ce sens que l'accent est mis sur le travail de la respiration longue et basse et qu'ils sont pratiqués tout en lenteur et décontraction.

En Neï gong, vous vous asseyez les yeux mi-clos et tout se fait en interne. Vous êtes guidé par l'esprit, il n'y a rien d'apparent. C'est une discipline à part entière. La méditation correspond à l'aspect Yin. On utilise la semence pour nourrir le *Qi*. Un autre point essentiel qui différencie la méditation du Qi gong réside dans le fait qu'en méditation nous insistons sur l'utilisation de l'essence du ciel et de la terre par l'intermédiaire du sommet de la tête (Baï hui) et de l'entrejambe (Huï yin). Il s'agit de la méthode dite du « ciel antérieur ».

Une bonne connaissance en art martial ou en thérapie ne prépare pas forcément au travail interne. De même, une bonne connaissance en Neï gong ne vous destine pas nécessairement au travail martial ou thérapeutique du Qi gong.

Il est utile de préciser également que les arts martiaux sont un vaste domaine et que, pour chacun d'entre eux, il existe une façon de travailler l'interne différente du fait de leurs spécificités respectives. L'approche du travail interne du Neï gong convient particulièrement bien au Taï chi chuan et aux Qi gong taoïstes. L'association d'une de ces disciplines avec le travail interne permet d'unir « l'externe et l'interne » et, en raison de leur réciprocité, d'accroître vitalité et efficacité.

En résumé

Le Taï chi chuan appartient à l'art martial interne. C'est le plus « externe » des arts internes du fait de son appartenance aux arts martiaux.

Le Qi gong appartient à la thérapie interne.

Le Neï gong appartient au travail exclusivement interne. C'est le plus interne des arts internes : pas de pratique physique.

Tous les trois sont des arts taoïstes (même s'il existe des Qi gong bouddhistes).

Introduction au taoïsme

C'est à partir du Ve siècle de notre ère que le taoïsme apparaît de manière structurée sous la forme d'un taoïsme philosophique avec le sage Lao Tseu, puis d'un taoïsme religieux (sous les Han, 206 avant J.-C.–220 après J.-C.), mélange de philosophie et de rites chamaniques avec des sacrifices, divination, mediums, système cosmologique, l'alchimie et la médecine.

Proches du peuple, donc de la vie quotidienne, les dieux et les rites y sont naturellement intégrés. Les dieux taoïstes sont la représentation symbolique des souffles et forces *(Qi)* que chaque homme possède en lui et qu'il peut, avec beaucoup de travail et d'acharnement, maîtriser, à condition d'être bien dirigé.

Pour devenir taoïste, il faut apprendre à contrôler le *Qi* de son propre corps, issu du « vieil homme ou corps du Tao » et l'unir au *Qi* extérieur, par une compréhension intuitive basée sur les notions de non-agir et le lâcher-prise issues des enseignements de Lao Tseu dans son fameux livre, le *Tao Te King. King* signifiant « livre », *Tao* indiquant la « voie à suivre » et *Te* désignant la « vertu ».

L'homme accompli est en parfait équilibre, au juste milieu du Yin, la terre, et du Yang, le ciel. Yin et Yang pouvant aussi désigner l'action et l'inaction.

Les trois principes de la voie d'un taoïste accompli ou en quête de le devenir sont la non-résistance, faire le vide et l'intuition.

Les trois principes que nous rencontrons dans la méditation

- La non-résistance : il s'agit de laisser passer les pensées, ne pas lutter ; acceptez-les mais ne les retenez pas. C'est un phénomène terrestre mais ce n'est pas vous.
- Faire le vide : quand vous aurez dépassé le stade de l'acceptation, que vous aurez laissé passer vos pensées librement, alors naîtra le vide. Attention : il ne s'agit pas du vide du néant mais au contraire d'une « plénitude du vide ».

- L'intuition : la troisième étape de la progression est la compréhension intuitive.

Le corps montagne

Ce n'est qu'à partir du IIe siècle de notre ère que s'est développé un taoïsme ésotérique. L'homme étant un univers interne, faisant partie de l'univers externe, il en suit les lois. Par la pratique rigoureuse, il peut unir son énergie vitale avec celle du cosmos et grâce à l'alchimie interne accéder à « la pilule de longévité ».

Les moines taoïstes étaient souvent des ermites vivant durant un temps donné retirés du monde au sommet des montagnes dans des grottes. Ce choix n'était pas tout à fait innocent. En effet, pour la Chine et plus particulièrement pour les taoïstes, la montagne représente tout un symbole. Au IIIe siècle avant notre ère, on comptait près de cent quarante-neuf montagnes, toutes sacrées. Selon la tradition, chacune d'entre elles était gérée par un dieu. Depuis notre ère, ce chiffre est retombé à cinq pics sacrés.

Pour les taoïstes, le corps est assimilé à une montagne. Le monde clos qu'offre la grotte dans la montagne avec son réseau de sources représentait pour l'ermite l'image de l'homme qui, pour devenir « immortel », devait se fermer au monde, faire circuler son *Qi* à l'intérieur de son corps. Par le travail sur la respiration et la conduite des souffles, il apprenait à chauffer cette énergie et, par la pratique d'une alchimie interne, à la transformer en « vapeur », comme les nuages qui couvrent les plus hauts sommets. La montagne, c'est aussi l'union entre la terre et le ciel, tout comme l'homme.

Le corps humain est un temple et le temple est une montagne.

Une pratique interne de santé

La philosophie taoïste, développée par le sage Lao Tseu, permet à l'homme de s'harmoniser avec la nature : la Terre, l'Homme et le

Ciel. Elle permet également de contrôler son énergie par les exercices physiques du Taï chi chuan et du Qi gong complétées par la méditation taoïste. L'objectif commun étant l'amélioration de la santé, le renforcement des défenses immunitaires et la longévité. Même si au fil des siècles s'est développé en parallèle un taoïsme religieux, on ne peut pas réellement le considérer uniquement comme tel.

Le Tao c'est « la voie » pour vivre en harmonie avec les lois de l'univers. La méditation taoïste était à l'origine pratiquée par les moines dans leur quête d'immortalité. Elle consiste en une véritable alchimie interne consistant à convertir leur essence/sperme (jing) en énergie (chi) pour nourrir l'esprit (shen) puis le raffiner. Les exercices qu'ils pratiquaient comme le Qi gong, le Dao yin et le Taï chi chuan consistaient, pour les deux premiers, en un assouplissement articulaire et un moyen de faire bénéficier les organes de l'énergie développée en méditation. Tandis que le Taï chi chuan était plus considéré et employé comme un art martial – de nos jours nous dirions une self défense – mais en respectant les principes internes :

- Respiration ;
- Détente ;
- Fluidité ;
- Non-opposition ;
- Harmonie.

L'origine des pratiques internes chinoises est thérapeutique, elles sont parties intégrantes de la médecine chinoise qui comprend cinq branches :

- Acupuncture ;
- Massage ;
- Pharmacopée ;
- Diététique ;
- Arts internes : méditation, Qi gong…

Cette origine remonte au traité de la médecine traditionnelle chinoise écrit au iiie siècle avant notre ère : *Le classique de la médecine interne de l'empereur jaune.* L'empereur jaune était le surnom du premier empereur de Chine : Tsin Chi Huan Di. Écrit après la mort de ce dernier et essentiellement d'inspiration taoïste, il propose différentes méthodes :

- Mouvements pour conduire l'énergie vers les organes : Qi gong ;
- Automassages pour la circulation de l'énergie : An qiao ;
- Techniques de respiration basées sur le principe de l'absorption et du rejet : Tuna/Méditation.

À l'inverse de la médecine occidentale, la médecine chinoise considère que le moyen le plus efficace consiste à soigner la maladie en amont. Il s'agit donc d'un système de prévention des causes des maladies et déséquilibres afin d'anticiper l'apparition des symptômes. Le principe, c'est de tonifier et faire circuler le Chi vers les organes et les articulations en utilisant le travail du mental et de la respiration pour harmoniser la circulation sanguine et la circulation du Chi.

Les causes des maladies

Selon cette méthode, il existe deux sources de causes : internes et externes.

Les causes internes

Elles sont dues aux excès ou à l'inhibition des cinq sentiments :
- Joie ;
- Colère ;
- Anxiété ;
- Tristesse ;
- Peur.

Chacune de ces émotions est liée directement à un organe spécifique :

- Joie / Cœur ;
- Colère / Foie ;
- Anxiété / Rate ;
- Tristesse / Poumons ;
- Peur / Reins.

Un excès ou un manque ou encore une certaine brutalité de l'événement déclencheur produira un déséquilibre énergétique de l'organe concerné :

- Joie / Cœur : Montée de l'énergie ;
- Colère / Foie : Montée de l'énergie ;
- Anxiété / Rate : Concentration de l'énergie ;
- Tristesse / Poumons : Dispersion de l'énergie ;
- Peur / Reins : Baisse de l'énergie.

Les causes externes

- Vent ;
- Froid ;
- Chaud ;
- Humidité ;
- Sécheresse.

Elles sont dues au climat, et plus particulièrement aux variations climatiques hors normes, ce qui implique des difficultés d'adaptation ou de résistance de l'organisme.

Pour toutes ces causes les effets sont :

- **l'obstruction des méridiens ;**
- **un déséquilibre énergétique.**

Le résultat étant la maladie.

Avoir une alimentation équilibrée

Tout en évitant les excès, veillez à varier votre nourriture. Les Chinois n'hésitent pas à utiliser certains aliments en fonction de leur nature et de leur saveur en vue d'un travail sur la santé en général et pour le traitement de certaines affections ou maladies en particulier.

La santé dépend du mode de vie, ce qui implique une alimentation saine et équilibrée.

Le principe est énoncé dès l'Antiquité (581-682) par un médecin de la cour des Tang : « Le médecin, pour connaître la maladie du patient, doit connaître ses habitudes alimentaires. (…) Il traite la maladie par un régime approprié et ne fait appel à la pharmacopée que lorsque celui-ci s'avère inefficace. » *(Traité du traitement des maladies par l'alimentation).*

Le but est clairement défini : il s'agit de renforcer le potentiel santé défaillant puis de traiter les perturbations de l'énergie et enfin de soigner les affections.

Depuis toujours, notre alimentation varie en fonction de différents facteurs :

- Saisons ;
- Circonstances ;
- Terrains ;
- Tradition locale.

Nous avons vu que, pour la médecine chinoise, les perturbations climatiques jouaient un rôle principal. Il devient donc nécessaire d'adapter son alimentation.

- Si la saison est chaude, préférez les aliments légers, frais, des assaisonnements acides et des légumes verts à peine cuits, légèrement croquants.
- Si la saison est froide, préférez les aliments fortifiants, piquants et cuits longtemps. Des aliments de nature sèche et chaude.

- Si la saison est venteuse, préférez les aliments de nature neutre et tiède.
- Si la saison est humide, préférez les plats chauds et secs ainsi que les saveurs relevées.

En résumé

Travaillez les contraires : rafraîchir lorsqu'il fait chaud, réchauffer lorsqu'il fait froid, etc. On ne peut plus simple !

Pour compenser les perturbations internes dues au climat, les natures et saveurs des aliments jouent un rôle prépondérant, tout comme la préparation et le mode de cuisson :

- Les aliments dits « petit Yang » : de couleur verte, à saveur acide. Mode de cuisson : friture. À utiliser pour les refroidissements, ils augmentent la chaleur du corps et diminuent l'humidité.
- Les aliments dits « petit Yin » : de couleur blanche, à saveur neutre. Mode de cuisson : en sauce. À utiliser en cas de refroidissement avec assèchement.
- Les aliments dits « grand Yang » : de couleur rouge, à saveur amère. Mode de cuisson : à la flamme. À utiliser en cas d'échauffement avec rétention d'eau.
- Les aliments dits « grand Yin » : de couleur noire, à saveur salée. Mode de cuisson : à la vapeur. À utiliser en cas de refroidissement avec la sensation de soif.
- Les aliments dits « équilibrés » : à saveur douce et parfumée. Mode de cuisson : dans des récipients en terre. À utiliser en cas de grosse fatigue.

Actions des aliments en fonction de leur nature et de leur saveur

- Les aliments de nature froide apaisent l'énergie.
- Les aliments de nature chaude activent l'énergie.

- Les aliments à saveur salée dissipent les blocages d'énergie, purgent et assouplissent.
- Les aliments à saveur acre et piquante extériorisent l'énergie Yang et facilitent la circulation du sang.
- Les aliments à saveur douce équilibrent, fortifient, relâchent les tensions et apaisent les douleurs.
- Les aliments à saveur aigre et acide régénèrent l'énergie, accroissent la force physique.
- Les aliments à saveur amère stimulent l'appétit, font baisser la température, ils sont purgatifs et asséchants.

À savoir

Si vous êtes une personne de constitution et de nature chaude et sèche, évitez les aliments de nature chaude et sèche.

Si vous êtes une personne de constitution et de nature froide et humide, évitez les aliments de nature froide et humide.

C'est toujours la même règle des contraires.

Effets des saveurs sur les organes

Excès d'énergie

- Si vous avez un excès d'énergie au niveau des poumons, consommez des saveurs amères.
- Si vous avez un excès d'énergie au niveau des reins, consommez des saveurs douces.
- Si vous avez un excès d'énergie au niveau du foie, consommez des saveurs piquantes.

Défaut d'énergie

- Si vous avez un défaut d'énergie au niveau du cœur, consommez des saveurs acides.

- Si vous avez un défaut d'énergie au niveau de la rate, consommez des saveurs amères.
- Si vous avez un défaut d'énergie au niveau des poumons, consommez des saveurs douces.

Perturbations

- Si vous avez des perturbations au niveau du cœur, consommez des saveurs piquantes.
- Si vous avez des perturbations au niveau de la rate, consommez des saveurs salées.
- Si vous avez des perturbations au niveau des poumons, consommez des saveurs acides.
- Si vous avez des perturbations au niveau des reins, consommez des saveurs amères.
- Si vous avez des perturbations au niveau du foie, consommez des saveurs sucrées.

Quelques exemples concrets

Aliments d'origine animale

- Bœuf : stimule la rate et l'estomac, fortifie les muscles et les tendons.
- Canard : stimule le sang, fortifie les poumons.
- Lapin : stimule le foie, fortifie le centre médian.
- Mouton : stimule les poumons, fortifie le Yang.
- Porc : stimule les reins, fortifie le Yin.
- Poulet : stimule le foie, la rate et l'estomac, fortifie le Jing (principe vital).
- Poisson rond : stimule la rate et les reins.
- Poisson plat : stimule les poumons et le cœur.

Céréales

- Blé : tonifie le cœur, la rate et les reins.
- Maïs : tonifie le gros intestin et l'estomac.
- Riz blanc : tonifie la rate et l'estomac, produit du *Qi*.
- Riz complet : tonifie le gros intestin et les poumons, produit du *Qi* et du Jing.
- Soja : tonifie le cœur et l'estomac.

Légumes

- Carotte : tonifie le cœur, la rate, les poumons et le foie.
- Concombre : tonifie la rate.
- Épinard : tonifie les cinq organes, produit du *Qi* et du Jing.
- Haricot vert : tonifie le foie et la rate.
- Haricot sec : tonifie les foyers médian (rate et estomac), supérieur (cœur et poumon) et inférieur (reins, foie et intestins), produit du *Qi*.
- Poireau : tonifie le foie, les reins, l'estomac et le gros intestin, renforce le Yin.
- Pomme de terre : tonifie la rate et l'estomac, produit de la chaleur.
- Salade : tonifie le foie, l'estomac et le gros intestin, produit du Jing.

Fruits

- Abricot : tonifie le gros intestin.
- Banane : tonifie la rate, neutralise les toxiques.
- Citron : tonifie le foie, neutralise les toxiques.
- Mandarine : tonifie l'estomac.
- Melon : tonifie l'estomac et le cœur.
- Poire : tonifie les poumons et l'estomac, élimine la chaleur.
- Pomme : tonifie le foie et l'estomac, apaise le *Qi*.
- Raisin : tonifie les poumons, la rate et les reins, fortifie les muscles et les tendons.
- Tomate : tonifie l'estomac.

Tableau récapitulatif

Éléments	bois	feu	terre	métal	eau
Orientations	est	sud	centre	ouest	nord
Saisons	printemps	été	fin d'été	automne	hiver
Couleurs	vert	rouge	jaune	blanc	noir
Symboles	petit Yang	grand Yang	équilibré	petit Yin	grand Yin
Natures	tiède	chaude	neutre	fraîche	froide
Saveurs	acide	amère	sucrée	acre/piquante	salée
Aliments d'origine végétale	légumes verts	céréales	soja/tofu	racines	tubercules
Aliments d'origine animale	œufs	chairs	fromages	laitages	graisses
Modes de cuisson	huile	flamme	étouffé	sauce	eau

Note : en ce qui concerne les fruits, consommez ceux de la saison et de votre région géographique.

Le *Qi* et les méridiens

Qi est souvent traduit par « énergie » ou « principe vital ». Cette énergie provient de deux sources : innée et acquise.

L'énergie innée

Dès notre conception, nous arrivons avec un *Qi* (*Qi* propre ou *Qi* de l'univers). Celui-ci va s'harmoniser avec le *Qi* du père, la semence, et le *Qi* de la mère. Il ne se renouvelle pas, nous arrivons et nous partons avec. C'est en quelque sorte notre capital.

L'énergie acquise

Par la respiration, la nourriture et par l'entretien physique, nous avons la possibilité d'acquérir, d'accumuler et développer un *Qi* lié au ciel par l'air inspiré et expiré et à la terre par la nourriture et l'exercice.

En ce qui concerne plus particulièrement l'alimentation et sauf cas spécifiques, pour raisons médicales ou autres, mangez ce que votre corps réclame, quand il le réclame. Essayez de manger parce que vous avez faim et pas parce que c'est l'heure de manger. Je sais que ce n'est pas toujours évident mais c'est en tout cas plus naturel. Procédez de la sorte au moins pendant les vacances par exemple. Tenez compte de votre âge : un enfant en pleine croissance a besoin de certaines choses dont un adulte n'aura plus besoin, tandis qu'une personne âgée aura d'autres demandes. La situation géographique tout comme la saison entrent aussi en ligne de compte. Mangez juste ce qu'il faut pour apaiser votre faim et, autant que possible, mangez au calme. Ne « mangez pas votre travail ». Je veux dire par là quittez physiquement et surtout mentalement votre travail. Pour « manger efficace », il ne faut rien faire d'autre en même temps et prendre son temps. Manger vite fait grossir. C'est connu maintenant et, en outre, cela crée du stress. Équilibrez votre alimentation, évitez tout excès et faites du temps du repas et même du temps de préparation du repas un plaisir et non pas une corvée ou une obligation. C'est un instant de présence que vous vous offrez à vous-même. Un temps de détente.

En résumé

L'union du mental et de la respiration permet de contrôler et d'agir sur l'énergie acquise. La synthèse de cette énergie avec l'énergie innée permettra de développer un fort potentiel *Qi*, garantissant une bonne santé.

- Énergie du père et de la mère = Énergie innée = *Qi* originel
- Énergie du ciel et de la terre = Énergie acquise = *Qi* ciel/terre

L'ensemble constitue : le Potentiel *Qi*.

Les méridiens

Pour circuler, cette énergie a besoin de routes : ce sont les méridiens. Ils sont au nombre de :

- 12 principaux en relations directes avec les organes internes et les entrailles ;
- 8 annexes qui soutiennent l'énergie des méridiens principaux et jouent le rôle de réchauffeurs des viscères.

Pour notre sujet, ce sont deux des méridiens principaux qui vont particulièrement nous intéresser : le vaisseau gouverneur *(Du maï)* et le vaisseau conception *(Ren maï)*. Ces vaisseaux comportent les principaux réservoirs et portes utilisés en méditation, nous le verrons en détail plus loin.

Ne cherchez pas les méridiens sur vous, il s'agit d'un réseau de circulation immatériel. C'est sur ce réseau que travaillent les médecins chinois avec les techniques de moxibustion (pour chauffer un point précis), de massages (pour disperser ou concentrer l'énergie) et l'acupuncture (technique consistant à planter des aiguilles spécifiques sur des points précis du corps appelés points d'acupuncture et permettant de moduler le flux énergétique).

Spécificité de la méditation taoïste : le Neï gong

Le Neï gong, c'est le travail interne pour lequel nous utilisons l'air inspiré et expiré. Avec l'aide de l'esprit, nous faisons circuler ce souffle dans le corps et les organes. Pour cela, nous utilisons la technique respiratoire taoïste : *Tuna* (rejet et absorption). L'objectif, c'est de développer le *Qi* du corps en absorbant le *Qi* du ciel et de la terre :

Le *Qi* du ciel provient :

- du soleil ;
- de la lune ;

- des étoiles.

Le *Qi* de la terre provient :

- de l'eau ;
- du feu ;
- du vent.

Le *Qi* du corps provient :

- de la semence *(jing)* ;
- de l'énergie *(Qi)* ;
- du principe vital supérieur *(shen)*.

Éléments et orientations

La loi des cinq éléments :

- métal ;
- bois ;
- eau ;
- feu ;
- terre.

Ces cinq éléments contiennent toute la méthode de la transformation du souffle *(Qi)*. Du macrocosme (l'univers) au microcosme (l'homme), tout est lié par cette loi. Toutes les lois de l'univers concernent l'homme directement. Dans *Le livre des rites*, il est écrit : « Le ciel engendre, la terre nourrit et l'homme accomplit. »

L'homme est l'intermédiaire entre le ciel et la terre, à la fois pivot et lieu de réunion : l'esprit vient du ciel et le corps vient de la terre. Les Amérindiens disent : « Notre père le ciel et notre mère la terre. » Effectivement, nous sommes les enfants du ciel et de la terre. Morceau de la vie de l'univers, intimement lié à la loi des cinq éléments, l'homme en méditation communie avec ses forces. Il est ainsi acteur et non pas spectateur passif de ses mutations.

Les cinq éléments créent deux cycles complémentaires : la production et la destruction.

Cycle de production	Cycle de destruction
Terre produit Métal	Terre détruit Eau
Métal produit Eau	Eau détruit Feu
Eau produit Bois	Feu détruit Métal
Bois produit Feu	Métal détruit Bois
Feu produit Terre	Bois détruit Terre

À chaque élément correspond une orientation :
- Terre / Centre ;
- Eau / Nord ;
- Bois / Est ;
- Feu / Sud ;
- Métal / Ouest.

CHAPITRE 2

PRÉSENTATION DE LA PRATIQUE

Au programme

- Où, quand et comment pratiquer ?
- La posture
- La respiration
- Les portes
- Les portes du ciel et de la terre

Où, quand et comment pratiquer ?

Il est plutôt conseillé de pratiquer chez soi, l'extérieur offrant trop de sources de distraction. Choisissez une pièce aérée. S'il fait chaud, ne vous mettez pas au soleil. Il faut si possible choisir une pièce sans télévision, téléphone (au moins coupez-le), ni ordinateur… Tout ce qui émet des ondes radioélectriques doit être éloigné. S'il y a du bruit à l'extérieur peu importe : on ne peut pas demander au monde de s'arrêter sous prétexte que l'on médite. Un éclairage relativement tamisé est satisfaisant. Ne pratiquez pas dans le noir : vous risqueriez de vous assoupir ! Vous pouvez sans en abuser faire brûler de l'encens, à condition que son odeur ne soit pas trop entêtante. Évitez la musique. Si pour la pratique du Taï chi chuan ou du Qi gong elle peut apporter un plus, elle serait dérangeante en méditation. Avec de la musique, il s'agit davantage de relaxation, mais plus d'une méditation. S'il y a de l'orage, ne pratiquez pas ou cessez de pratiquer. En effet, nous développons une certaine électricité dans le corps qui pourrait entrer en contact avec celle de l'extérieur.

Le matin et le soir sont les meilleurs moments pour pratiquer. Au réveil, votre énergie et celle de la nature sont neuves et vous ne pouvez qu'en tirer des bénéfices. Le soir, cela vous permet de vous recentrer après une dure journée de labeur. Dans un autre chapitre, je vous indiquerai avec précision les heures pour pratiquer selon la tradition.

Ne pratiquez pas après avoir mangé ou bu. En effet, si votre estomac est plein, vous risquez de blesser un organe. Il ne faut pas non plus s'adonner à des relations sexuelles juste avant ou juste après avoir médité. En effet, du fait du travail effectué sur le sang et la semence afin d'enrichir votre *Qi*, il serait dommage de le dépenser tout de suite : tout votre travail serait annulé. De même, il serait dommage de créer une « dette » en le dépensant avant. Laissez un intervalle de deux heures avant et après la méditation.

Choisissez toujours une tenue ample et suffisamment chaude (surtout en hiver). Évitez tout ce qui serre la taille ou les jambes. Il ne faut pas de chaussures : restez pieds nus ou en chaussettes.

Ajustez progressivement le temps de pratique. L'idéal serait d'arriver à un temps minimum de 40 minutes, ce qui en fait représente réellement 15 minutes de véritable méditation. Il faut se préparer : faire le calme, réguler le souffle, l'énergie et le sang.

À savoir

Les trois étapes préliminaires ont une durée de *15 minutes*. Il s'agit de :

- placer le corps dans l'axe, positionner ses jambes, relâcher la taille, ne pas bomber le buste ;
- calmer le cœur, éliminer les préoccupations, se concentrer pour mettre de côté les pensées ;
- apaiser le souffle : ralentir son rythme respiratoire afin de permettre au sang et au *Qi* de faire un circuit complet.

Méditation véritable : il s'agit de faire tourner le souffle. Durée : *15 minutes*.

Le retour prend à peu près *10 minutes*.

Pratiquer la méditation est une affaire de patience et de volonté, ce n'est pas aussi facile que l'on pourrait le penser. C'est pourquoi, si vous « ne le sentez pas », inutile d'insister. La méditation taoïste est une voie, ce n'est pas *la* voie, il en existe beaucoup d'autres. Et n'oubliez pas : c'est une pratique régulière qu'il faut pratiquer tous les jours et aux mêmes heures.

Passons maintenant à la pratique en commençant par la posture.

La posture

Avant de commencer la méditation, il est impératif d'avoir une bonne posture assise puisque vous allez devoir conserver cette position suffisamment longtemps (au moins 10 à 15 minutes) sans bouger.

Le conseil du prof

N'omettez ni ne négligez aucun détail. Ce n'est qu'une fois cette posture acquise que vous pourrez réellement débuter dans le travail interne dit des « 5 souffles et 4 saisons » ainsi que dans la respiration taoïste du rejet et absorption (*Tuna*).

Description de la posture assise

Asseyez-vous en tailleur : les hommes avec la jambe gauche à l'intérieur de la droite et les femmes avec la jambe droite à l'intérieur de la gauche.

Posez vos mains sur les genoux et laissez tomber vos épaules et vos coudes.

Concentrez toute votre attention sur la détente, soyez à l'affût de la moindre tension.

Les yeux sont mi-clos : en les gardant grands ouverts, vous risqueriez d'être distrait ; en les fermant complètement, l'assoupissement viendrait vous surprendre.

La tête est tenue naturellement, le menton légèrement rentré (sans tension sur la nuque).

Le dos est très légèrement arrondi (sans toutefois être bossu).

Le bassin est basculé en avant.

À la fin de la méditation, prenez le temps de défaire la posture et de reprendre conscience de votre corps.

| Ne vous relevez jamais brusquement.

Quelques réponses à différentes questions

Il peut arriver que le corps parte en arrière durant la méditation. Pour corriger cela, il faut pousser le sommet de la tête vers le ciel comme si vous le souteniez.

Si vos jambes tremblent, veillez à bien les plaquer au sol de manière à être parfaitement stable.

Si votre dos est trop droit, chez les hommes, le *Qi* ne pourra pas remonter ; chez les femmes, il ne pourra pas descendre.

La différence entre la pratique de la méditation bouddhiste et celle de la méditation taoïste est entre autres dans la posture : le dos est droit chez les bouddhistes et relâché chez les taoïstes afin de permettre la révolution du *Qi*. La position ressemble à celle d'un fœtus dans le ventre maternel. Les Bouddhistes travaillent sur la montée et la descente du souffle sur le devant, ils ne font pas le circuit comme en méditation taoïste. Ils n'utilisent pas non plus le Huï yin pour puiser l'essence de la terre, c'est pourquoi ils peuvent se permettre d'être à genoux avec le dos droit, même assis en tailleur, leur dos est droit. C'est un travail plus spirituel et moins axé sur la santé.

Ne craignez pas de devenir avec la position taoïste voûté dans la vie courante. C'est tout le contraire : le *Qi* circule librement, votre dos se plie et se redresse tel le bambou.

Afin de vous habituer à entrer, tenir et sortir de cette posture, j'ai consacré la première semaine à ne proposer que des exercices de base assis pour assouplir votre corps et bien l'ancrer au sol. Vous pourrez ainsi vous tester à un entraînement régulier au calme et d'ores et déjà sentir si « l'appel de la méditation » est toujours là.

Comprenons maintenant le mécanisme de la respiration.

La respiration

Notre respiration naturelle se place au niveau de la cage thoracique. C'est une respiration haute qui permet d'assurer un travail en force, mais qui, pour le travail interne, présente l'inconvénient de faire monter le *Qi*. Ce type de respiration inconsciente nous est venu vers l'âge de huit ans. Auparavant, nous pratiquions tous la respiration dite innée au niveau abdominal. Si vous observez un bébé, vous verrez son ventre se gonfler et se dégonfler, alors que sa cage thoracique ne bouge pas.

Vous êtes-vous déjà demandé comment respire un embryon dans le ventre de sa mère ? Par le nez ou la bouche ? C'est impossible du fait du liquide amniotique dans lequel il baigne. Le seul conduit qui assure un échange avec l'extérieur, c'est l'ombilic. Ce n'est qu'après avoir quitté le ventre de sa mère et que ce cordon a été coupé que l'enfant commence à utiliser ses poumons pour respirer. Chez l'embryon, ils sont formés mais ils n'entrent en action qu'une fois le cordon rompu, et il faut environ huit années pour que la cage thoracique devienne le seul et unique centre de la respiration. L'éducation physique contribue en partie à cette « montée » de la respiration. Qui ne s'est jamais entendu dire : « Tiens-toi droit, rentre ton ventre, gonfle ta poitrine… ». Cette respiration porte le nom de respiration acquise.

Tout le travail de la respiration interne taoïste va consister à retrouver notre respiration innée. C'est la raison pour laquelle elle est appelée la « respiration embryonnaire ».

Les mouvements du ventre (gonfler/relâcher) accentuent la montée et la descente du diaphragme, ce qui entraîne un massage des intestins, de l'estomac, des organes et des viscères.

Bien entendu, l'air est toujours amené aux poumons, mais le mouvement est inversé : au lieu de circuler du haut vers le bas, l'air circule du bas vers le haut. Ainsi nous obtenons moins de pression sur les poumons, ce qui a pour effet d'avoir également moins de pression sur le cœur et moins de travail pour les organes qui bénéficient plus rapidement du souffle pour remplir leurs fonctions. Moins de travail veut dire plus de repos donc une meilleure santé.

Le conseil du prof

Pour apaiser vos éventuelles craintes, sachez que vous ne risquez pas d'avoir un ventre gonflé en permanence. Dans la partie pratique, vous verrez que l'air circule également sur la ceinture.

Donc : *ni dos, ni ventre ronds.*

Allonger le souffle : contrôle de l'inspiration

Lorsque vous inspirez, vous ne devez pas en avoir la sensation, c'est-à-dire que votre inspiration doit être la plus fine et la plus inaudible possible. Vous ne devez même pas sentir l'air traverser les narines.

Le saviez-vous ?

Une pratique traditionnelle consistait à placer des feuilles de papier de riz sur les narines. Ainsi sur une inspiration trop forte du pratiquant le papier les bouchait. Toutefois je ne vous conseille pas de faire cette expérience !

Plus le souffle est court, moins il y a d'activité interne. Plus il est long, meilleure sera la vitalité. Quand on prend de l'âge, le souffle ne cesse de monter jusqu'à arriver au dernier soupir. Bien entendu, c'est une étape inévitable pour chacun d'entre nous mais, avec la respiration embryonnaire, nous pouvons retarder ce processus. Il est évident que le passage de vie à trépas n'est pas uniquement lié à la manière dont nous respirons. Certains pratiquent et meurent jeunes, d'autres ne pratiquent pas et deviennent centenaires. Il y a dans tout cela une part qui nous échappe totalement, nous l'appellerons la part « karmique » ou « le destin »… Nous entrons là dans un domaine qui n'est pas de l'ordre de notre propos.

Dans une époque où l'homme cherche de plus en plus un retour vers le « naturel », que ce soit pour son alimentation ou pour se soigner, ce type de pratique contribuera tout à fait d'une manière on ne peut plus naturelle à renforcer notre organisme et notre vitalité générale.

La prise de conscience de la respiration embryonnaire va maintenant nous conduire au travail d'absorption et de rejet.

La technique de l'absorption/rejet : le *Tuna*

La respiration embryonnaire emmène le souffle au niveau du nombril. Sans la technique du *Tuna*, ce souffle va remonter et ressortir par le même chemin, ce qui va constituer une première étape dans notre apprentissage, mais ne sera pas suffisant si l'on veut que tout le corps profite de l'énergie.

La seconde étape va donc maintenant consister à faire « tourner » ce souffle dans le corps de l'avant vers l'arrière pour les hommes et de l'arrière vers l'avant pour les femmes :

• Pour les hommes : à l'inspiration, le souffle va descendre sur le devant du corps en suivant une « route » immatérielle appelée méridien principal ou *Ren maï* en acupuncture (schéma A du *maï Ren maï*), puis passant par le coccyx, il remontera à l'expiration cette fois par une seconde « route » sur l'arrière du corps, appelée toujours en acupuncture *Du maï* (schéma A du *maï Ren maï*).

- Pour les femmes : ce chemin est inversé. À l'inspiration, le souffle descend par le dos en utilisant le *Du maï*, passe par le coccyx et va jusqu'au nombril ; puis, avec l'expiration, il remonte devant par le *Ren maï*.

Nous décrivons ainsi une boucle sur un plan vertical. La différence du centre de rotation entre hommes et femmes s'explique par la différence de polarité : la femme étant Yin et l'homme Yang. Dans une pile, on ne peut pas dire que le « plus » soit supérieur au « moins », l'un ne peut pas aller sans l'autre. Il en est de même avec le Yin et le Yang. Toujours dans l'exemple de la pile, si vous branchez le plus avec le plus et le moins avec le moins, ça ne marche pas. La complémentarité est indispensable. Chez l'être humain, la polarité existe. Dans la vie relationnelle, ce n'est pas une question de sexe, un homme peut très bien être plus Yin que Yang et à l'inverse une femme être plus Yang que Yin. L'important, c'est de trouver ses complémentaires de manière à s'harmoniser ensemble. C'est entre autres pourquoi, avec certaines personnes, vous avez des « atomes crochus », ça « colle » tout de suite, et qu'il ne se passe rien avec d'autres. Cela dit, en méditation, en revanche, il faut respecter les polarités en fonction du sexe.

Le Dao yin : le guide

Comment allons-nous procéder pour que le souffle suive effectivement cette boucle ?

Eh bien, nous allons lui donner un guide (le *Dao yin*, en chinois). Comme en haute montagne nous avons besoin d'un guide pour franchir les passes, il en sera de même pour conduire le souffle. C'est notre esprit ou plutôt, pour employer une expression taoïste, notre Pensée créatrice qui va jouer ce rôle. Toute votre attention devra être focalisée sur le parcours à suivre.

Par la suite, avec beaucoup de pratique, cette technique ne sera plus nécessaire, le *Qi* connaîtra la route de lui-même.

Description de la technique

Commencez toujours par une expiration par la bouche, puis inspirez par le nez. Il n'y a aucun temps d'arrêt sur le passage de l'inspiration à l'expiration. Respirez lentement et d'une amplitude égale.

Votre pensée devra être placée en accompagnement du souffle lors du parcours circulaire dans le *Ren maï* et le *Du maï*.

Sur chaque respiration, vous prendrez conscience du mouvement du sphincter anal : à l'inspiration, il se relâche et à l'expiration il remonte. Ce mouvement aide le souffle à circuler dans le corps en agissant telle une pompe : conduisant puis refoulant l'énergie, ce qui lui donne la force nécessaire pour remonter.

Je vous ai décrit ici la technique de base employée le plus souvent en méditation ainsi que dans la liaison interne/externe de la pratique du Taï chi chuan ou du Qi gong. Je vais maintenant, et dans un but informatif, vous décrire la technique qui s'appelle « La méthode des 5 souffles et des 4 saisons ».

Description de la méditation saisonnière

En fonction des quatre saisons dans la nature, printemps, été, automne, hiver, il s'agira d'appliquer une technique de respiration différente. Si je parle de quatre saisons naturelles, c'est parce que les saisons telles qu'elles sont présentées dans les calendriers civils ne correspondent pas tout à fait aux lois naturelles. D'ailleurs si vous êtes un peu attentif ou tout simplement quelqu'un qui travaille avec la terre, vous pouvez en avoir pris conscience.

Calendrier des saisons selon le rythme de la nature

- Printemps : début 4 et 5 février.
- Été : début 6 et 7 mai.

- Automne : début 8 et 9 août.
- Hiver : début 7 et 8 novembre.

Comme vous pouvez le constater, le calendrier officiel a un mois de retard sur la nature.

À chacune de ces saisons correspond un organe qu'il faudra travailler spécifiquement. L'objectif de cette méthode est d'apaiser le feu des cinq organes en fonction des climats.

Pour chaque saison, il y a une technique de respiration différente permettant de stimuler l'énergie vers un organe (voir le tableau ci-dessous). Il y a cinq organes et quatre saisons. Afin d'équilibrer le nombre des saisons au nombre d'organes, la tradition taoïste a donc ajouté une cinquième saison « intermédiaire » placée dans l'intervalle de neuf jours avant et neuf jours après le passage de l'été à l'automne (on dit aussi début d'été et fin d'été).

Soit une intersaison de dix-huit jours qui débute le 30 et 31 juillet et finit le 17 et 18 août.

- Printemps, climat tempéré : organe le foie.
- Été, climat sec : organe le cœur.
- Fin d'été, climat humide : organe la rate.
- Automne, climat frais : organe les poumons.
- Hiver, climat froid : organe les reins.

En fonction de chaque saison et de son climat, nous appliquerons en méditation une technique de respiration différente :

- Printemps : inspiration nasale, expiration buccale.
- Été : inspiration et expiration nasales.
- Fin d'été : inspiration et expiration, buccale et nasale.
- Automne : inspiration buccale, expiration nasale.
- Hiver : inspiration et expiration buccale.

Pour aller plus loin

Pour résumer la méthode, voici le tableau complet, incluant les orientations et éléments correspondants.

	Printemps	**Été**	**Fin d'été**	**Automne**	**Hiver**
Climat	Tempéré	Sec	Humide	Frais	Froid
Organes	Foie	Cœur	Rate	Poumons	Reins
Techniques	Insp. : N. Exp. : B.	Insp./exp. : Nasale	Insp./exp. : Bucco-Nasale	Insp. : B. Exp. : N.	Insp./exp. Buccale
Orientations	Est	Sud	Centre	Ouest	Nord
Éléments	Bois	Feu	Terre	Métal	Eau

B= buccale.
N= nasale.

Les portes

Sans une bonne posture, inutile de penser à se détendre et donc à bien respirer. Encore une fois, respectez bien cet ordre : d'abord la posture qui amènera la détente, puis la respiration et enfin seulement le travail des portes.

Comme nous l'avons vu, notre souffle va suivre des routes. Les deux principales, que je comparerai à des autoroutes sont le *Ren maï* et le *Du maï*.

- Le *Ren maï* descend sur le devant du corps, il est Yin chez l'homme et Yang chez la femme.
- Le *Du maï* descend sur l'arrière du corps, il est Yang chez l'homme et Yin chez la femme.

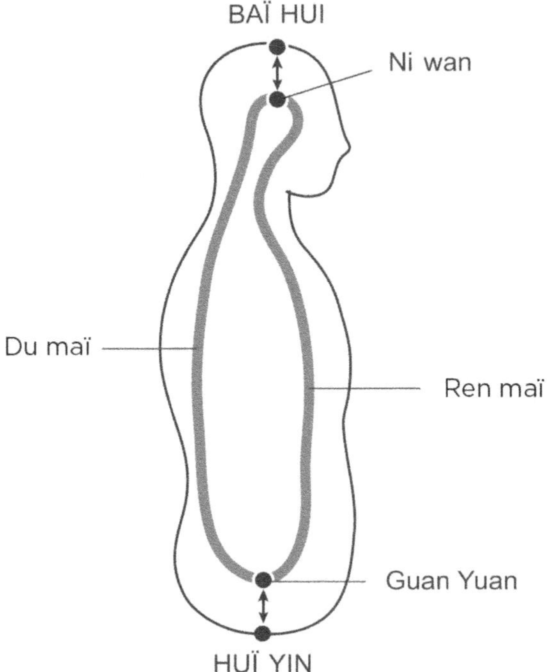

Dans le Neï gong, il est important de savoir avec quels méridiens vous travaillez.

Le fait d'ouvrir les méridiens Ren et Du permet d'obtenir une bonne santé. Cela permet également de transformer la semence en énergie.

Au niveau de la ceinture, il y a un troisième méridien important. Il est comme un « périphérique » de liaison entre les deux « autoroutes ». Il s'agit du méridien de la ceinture : *Daï maï*. Partant du nombril, une connexion part à droite et une autre part à gauche, elles se rejoignent dans le dos au niveau des lombaires.

Ensuite, nous avons deux petits méridiens, très courts mais importants aussi :

- le *Yin maï* qui remonte de l'anus vers la jonction interne du *Ren maï* avec le *Du maï* ;
- le *Yang maï* qui descend du sommet du crâne vers le centre à la jonction du *Ren maï* et du *Du maï*.

Le point de liaison entre les Ren, Du et Yin maï s'appelle le Guan yuan. Celui entre les Ren, Du et Yang maï s'appelle le Ni wan.

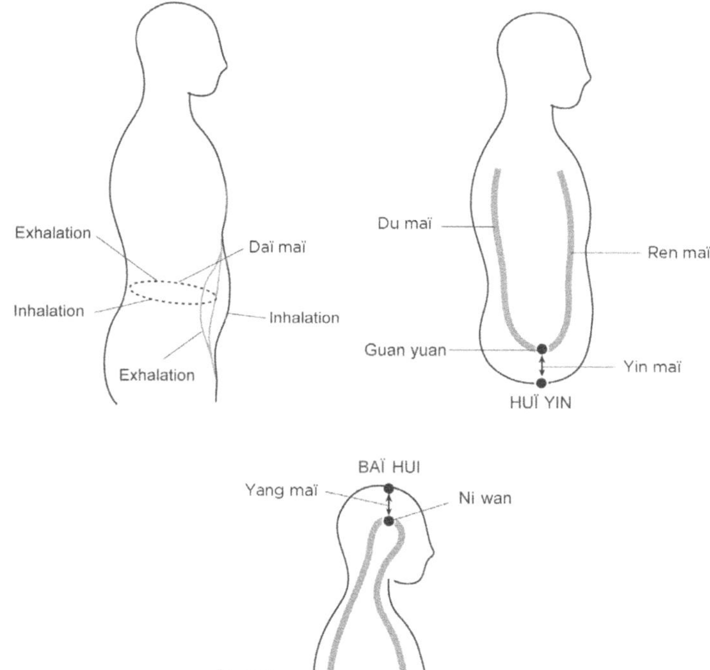

Je viens de vous décrire les routes principales. Sur chacune d'elles ou pour se rendre à chacune d'elles, le souffle va devoir franchir des « portes » ou, pour rester dans mon exemple autoroutier, on pourra dire des « péages ». Nous allons maintenant les détailler en commençant par le devant.

Les portes antérieures

Supérieure

Tête/crâne

- Entre les sourcils : le Xuan guan ou Dan tian supérieur.
- Sommet du crâne : le Baï hui (il s'agit de la partie du crâne qui n'est pas fermée chez le nourrisson, la fontanelle).
- À l'intérieur et au centre du crâne : le Ni wan.

Le Xuan guan est le centre du mental (le *Yi*). C'est ce centre qui permet aux méridiens de s'ouvrir.

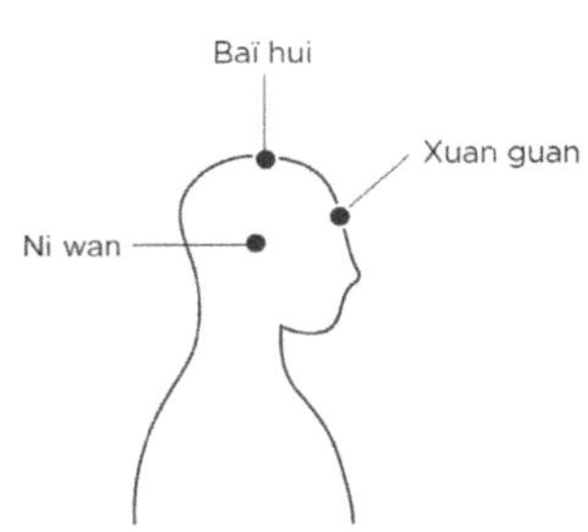

Médiane

Tronc

- au niveau du cœur, le Zhong Dan tian ou Dan tian médian.

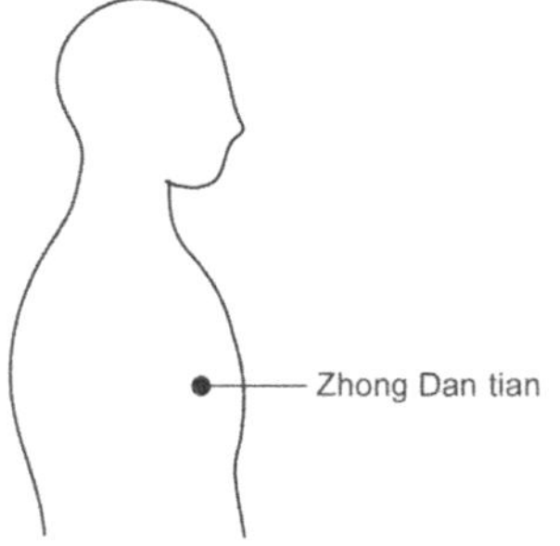

Inférieure

Ventre

- Deux doigts sous le nombril : le Dan tian inférieur, le plus connu. Les Japonais l'appellent le *Hara*.
- À l'intérieur et au centre du ventre, légèrement en dessous du point précédent se trouve le Guanyuan, où aboutit le méridien court appelé Yin maï.
- Entre l'anus et le périnée, c'est le Huï yin.

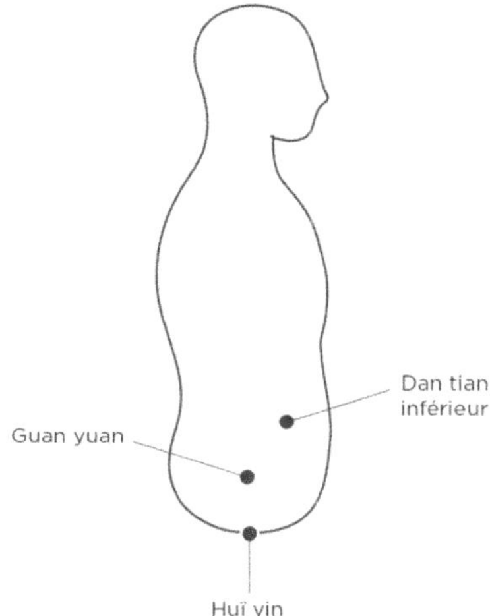

Le Baï hui, Ni wan et Huï yin sont liés.

Le Dan tian inférieur sera la réunion et le point d'inversion des énergies du ciel et de la terre.

Le Dan tian médian contrôle le cœur.

Le Dan tian inférieur contrôle la circulation du *Qi*.

Les portes postérieures

Supérieure

Tête/crâne

- Sur l'arrière de la tête, juste au-dessus de la première vertèbre cervicale, vous sentez une « bosse » : c'est le *Yu zhen* (oreiller de jade). Ce point est lié au cerveau.

Médiane

Entre les omoplates

- Au niveau des premières vertèbres dorsales se trouve le *Jia ji*, qui est en relation avec les organes.

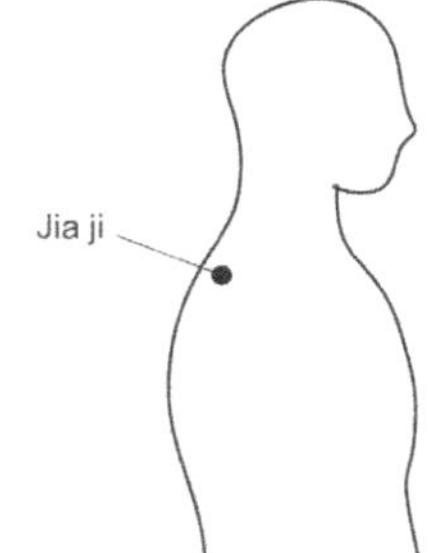

Inférieure

Reins

Au niveau des lombaires se trouve le *Weïlu* ou *Ming men* (porte de la vie). C'est le point de connexion du méridien de la ceinture : Daï maï partant du Dan tian inférieur sur le devant du corps.

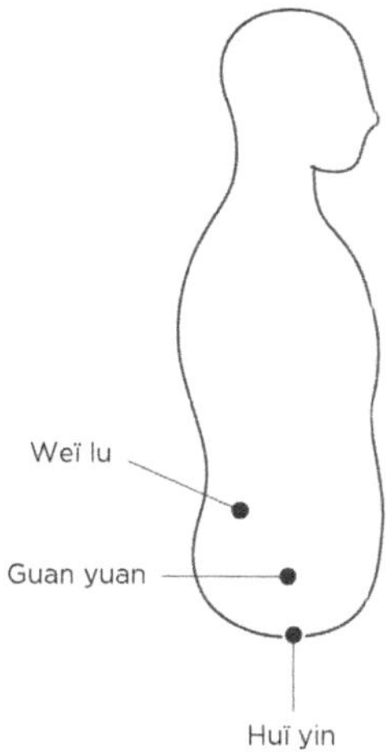

En résumé, nous avons trois portes devant, sur trois niveaux, supérieur, médian et inférieur, et trois portes derrière sur trois niveaux, supérieur, médian et inférieur.

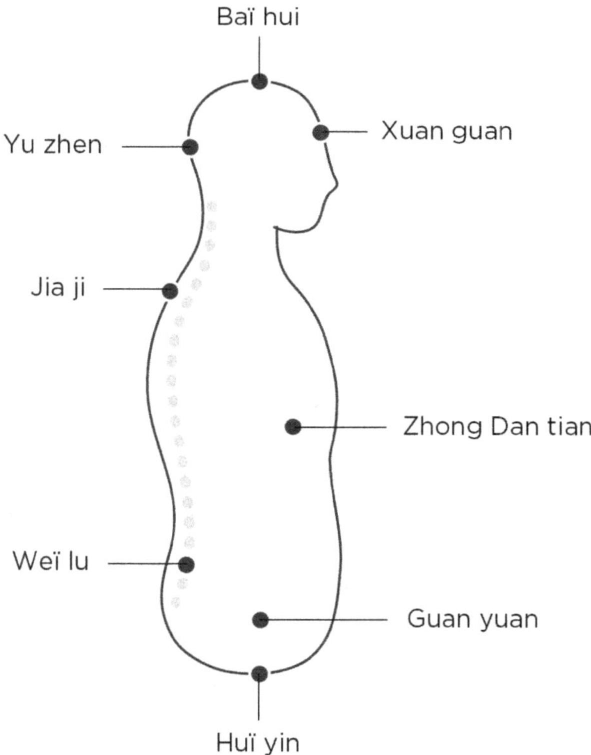

Les portes du ciel et de la terre

Dans les exercices pratiques de la troisième semaine, nous expliquerons en détail comment passer ces portes progressivement.

Je vais maintenant préciser le rôle important tenu par le Baï hui et le Huï yin. En effet, il est capital de bien aligner ces deux points situés chacun à une extrémité.

Le Baï hui

Nous avons vu que le travail du Neï gong consistait à absorber avec notre *Qi* : l'essence du ciel (soleil/lune/étoiles) et de la terre (eau/feu/vent) ainsi que notre propre essence (semence/énergie/principe vital supérieur).

Pour absorber correctement l'essence du ciel et de la terre, il faut que le *Qi* soit dans le ventre. Nous utiliserons ce capital comme une « force » au niveau du Baï hui pour absorber l'essence du ciel.

Selon la tradition taoïste, ce point sert de capteur de la « voûte céleste ». Une antenne en quelque sorte.

Le *Qi* pénétrant au travers du Baï hui va se diviser en douze rameaux appelés rameaux terrestres. Dans la méditation, en vous concentrant sur ce point, vous faites descendre ces rameaux qui vont se diriger vers les organes, passer par le Dan tian et aller jusqu'au Huï yin.

Selon un processus interne, le *Qi* circule dans les douze rameaux jusqu'au Ni wan (centre interne du crâne), puis il se regroupe à ce point pour à nouveau se séparer mais en deux parties cette fois et descendre par le Ren maï et le Du maï vers les organes et le Huï yin.

Chacun de ces douze rameaux porte un nom. Ils pénètrent en tournant dans le sens inverse des aiguilles d'une montre. Le schéma ci-contre représente le sommet du crâne avec au centre le Baï hui, devant (vers le front) le numéro 1 et derrière le numéro 7. Ils forment la « **voûte céleste** ».

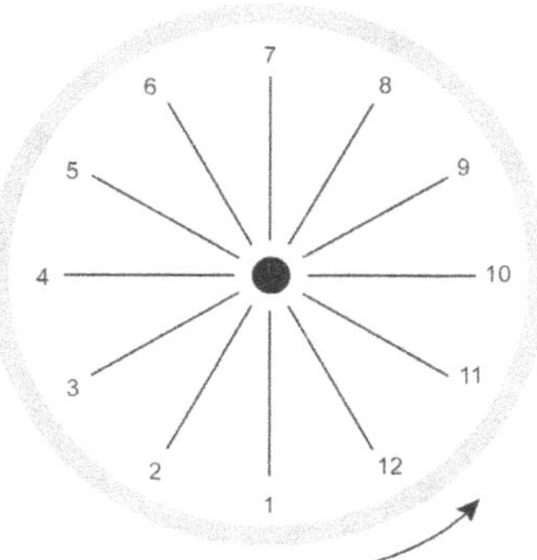

Le Huï yin

À l'opposé, le Huï yin sert à absorber l'essence de la terre. Le *Qi* va se diviser en dix rameaux appelés troncs célestes. Il va se diriger dans le sang vers la surface du corps. Chacun des dix troncs célestes porte un nom. Ils pénètrent en tournant dans le sens des aiguilles d'une montre. Le schéma ci-contre

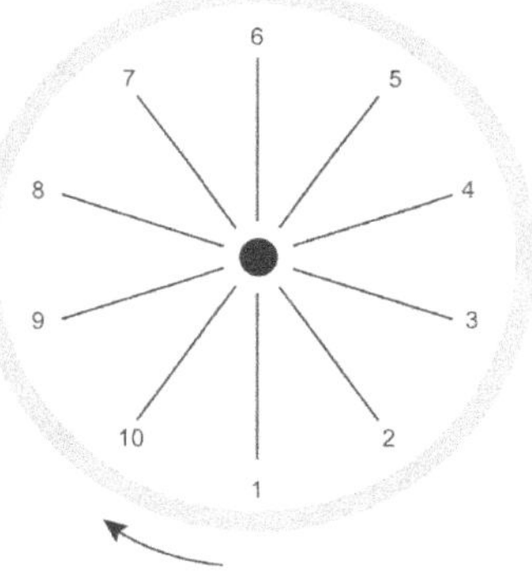

représente l'entrejambe, le Huï yin au centre, le numéro 1 est à l'avant du corps et le numéro 6 à l'arrière. Ils forment la « **voûte terrestre** ».

En résumé

Les deux points les plus importants sont donc le Baï hui et le Huï yin. À l'inspiration, le *Qi* descend de la voûte céleste et va se diriger vers l'intérieur du corps en tournant dans le sens inverse des aiguilles d'une montre. À l'expiration, le *Qi* monte de la voûte terrestre et va se diriger vers l'extérieur du corps en tournant dans le sens des aiguilles d'une montre. Ce sont des mouvements en spirale.

> L'énergie du Baï hui est Yin. Une fois qu'elle a pénétré dans le corps, elle devient Yang au niveau du Dan tian. L'énergie du Huï yin est Yang et elle le reste. Ces deux énergies Yang (Baï hui plus Huï yin) remontent ensemble.
>
> Nous pratiquons assis en tailleur afin que le Huï yin soit au contact du sol. Le Baï hui est dirigé vers le ciel. C'est seulement ainsi que nous pouvons ouvrir les trois portes avant et arrière : supérieure, médiane et inférieure.

La technique des mains

Si, dans la respiration assise de base (notre première semaine de pratique), vos mains peuvent être posées sur les genoux, pour accéder au deuxième niveau (notre deuxième semaine), il vous faudra respecter une certaine « polarité » également au niveau de vos mains :

- Pour les hommes, la main gauche est sous la main droite (Yin sous Yang).
- Pour les femmes, la main droite est sous la gauche (Yang sous Yin).
- Pour les deux sexes, les ongles des pouces sont en contact. L'ovale ainsi formé par les mains est placé à hauteur du Dan tian (vos bras ne reposent pas sur vos cuisses).

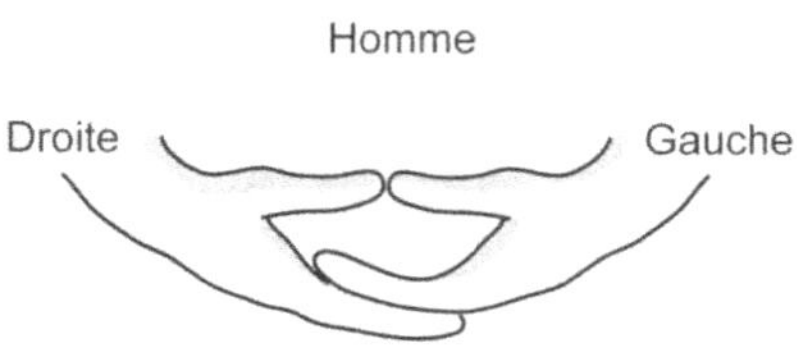

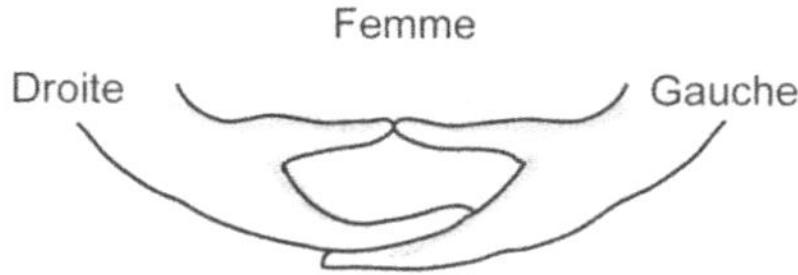

Le troisième et dernier niveau de pratique (notre troisième semaine) sera celui dit « de la *petite révolution céleste* ». Nous le détaillerons dans la partie pratique, mais d'ores et déjà retenez qu'il faudra unir le Yin et le Yang au niveau des mains pour « fermer » le circuit.

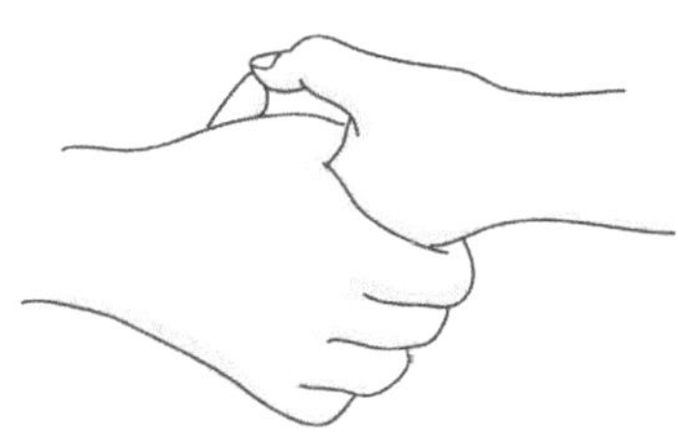

- Chez l'homme, il faut placer le pouce droit à l'intérieur de la main gauche précisément entre le majeur et l'annulaire. La main droite se ferme par-dessus et le majeur vient se poser sur le dos de la main gauche entre le majeur et l'annulaire. Le pouce et le majeur de la main gauche se rejoignent pour former un cercle.
- Chez la femme : c'est l'inverse, le pouce gauche entre le majeur et l'annulaire de la main droite à l'intérieur et le majeur gauche sur le dessus entre le majeur et l'annulaire de la main droite. Le pouce et le majeur de la main droite forment un cercle également. Vous avez formé ainsi deux anneaux imbriqués l'un dans l'autre.

C'est une position qui assure une bonne circulation du souffle et du sang. Elle permet également de réchauffer le Dan tian.

La bonne position des mains aide le Yin et le Yang à circuler et active votre énergie.

La technique de la langue

Dernier point pour être complet dans ce circuit de « la petite révolution céleste » : hommes comme femmes, à l'inspiration, vous devez coller la pointe de la langue sur le haut du palais (pour fermer le circuit énergétique interne) et, sur l'expiration, vous reposez naturellement la langue, le souffle doit sortir par les coins de la bouche, cette dernière restant fermée.

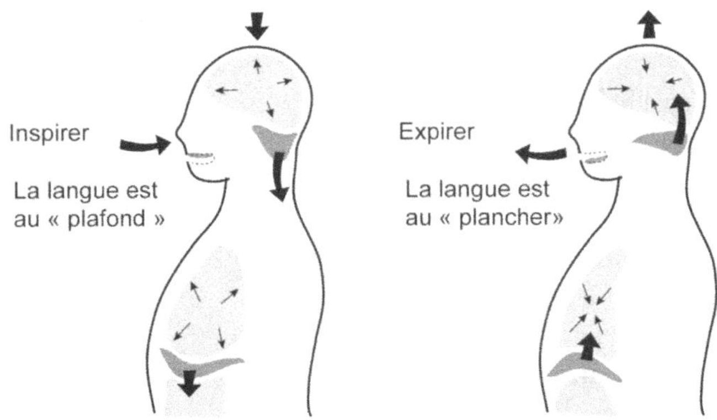

Cette technique permet au *Qi* d'agir sur les dents, particulièrement celles du fond de la bouche. Cela permet de tonifier votre estomac et vos intestins. Votre visage se remplit également de *Qi*.

Par cette technique, la production de salive augmente. Lorsque vous en aurez accumulé beaucoup, il faudra l'avaler à la fin de l'expiration puis inspirer pour faire descendre la salive au Dan tian.

L'avantage de la production de salive, c'est que vous pouvez rester plus longtemps sans boire. Vous n'avez plus soif, votre bouche n'est pas sèche. Du fait que la salive se produit sans cesse dans votre bouche, la boire, c'est comme boire le *Qi*.

Par ailleurs, cette salive assure une bonne digestion et permet de garder la peau lisse et souple.

CHAPITRE 3

L'ALCHIMIE INTERNE SELON LA TRADITION TAOÏSTE

Au programme

- Le *Yi king*, livre des changements
- Le corps montagne
- Les représentations symboliques du corps humain
- Les symboles animaliers
- La symbolique des nombres
- Les trois étapes du processus alchimique

À titre documentaire, je vous présente la pratique taoïste dite de « l'alchimie interne ». C'est un autre aspect, plus ésotérique, de la méditation taoïste traditionnelle.

Le *Yi king*, livre des changements

Il est difficile d'aborder l'alchimie interne sans prendre le temps de présenter ce document indispensable à sa compréhension et à sa pratique.

Le *Yi king* est un ouvrage à auteurs multiples, dont la rédaction débuta en Chine sous les Hua (2207-1766 avant J.-C.) et s'acheva sous les Tchéou (770-256 avant J.-C.). Œuvre taoïste, son objectif majeur est la recherche de l'harmonie entre les êtres et l'univers.

Avant le monde, il y avait le Tao (grand tout). Dans ce Tao apparut le « faîte suprême » (Taï chi) qui engendra les deux complémentaires Yin et Yang. Voilà en quelques mots sur quoi repose ce document.

Par l'intermédiaire de la cosmologie, il établit la communication entre le Tao, le Ciel et la Terre (puissances sacrées) et l'homme. Il explique comment tout être vient de l'univers (Tao) et y retourne.

Ses chapitres se composent d'une série de signes formés de traits pleins et de traits brisés. Ces lignes se regroupent par trois et forment les huit trigrammes de base appelés Koua dans leur ensemble, chacun portant un nom spécifique.

Leur combinaison de deux en deux permet la construction des soixante-quatre hexagrammes formant la trame du Yi king.

Pour chacun de ces hexagrammes, une formule a été rédigée. Le sens général est donné, puis ensuite chaque trait composant chaque hexagramme est expliqué.

Utilisé pour la divination, il intègre l'astrologie. Ainsi le soleil est symbolisé par le trait plein et la lune par la ligne brisée. On peut y retrouver le cycle lunaire.

L'enseignement du Yi king ne peut s'expliquer que par voie orale.

Les huit trigrammes de base

Tableau des 64 hexagrammes à partir des huit trigrammes de base

Trigrammes Supérieur ▶ Inférieur ▼	*quán* le Ciel	*zhèn* le Tonnerre	*kǎn* l'Eau	*gèn* la Montagne	*kūn* la Terre	*xùn* le Vent	*lí* le Feu	*duì* la Brume
quán le Ciel	1	34	5	26	11	9	14	43
zhèn le Tonnerre	25	51	3	27	24	42	21	17
kǎn l'Eau	6	40	29	4	7	59	64	47
gèn la Montagne	33	62	39	52	15	53	56	31
kūn la Terre	12	16	8	23	2	20	35	45
xùn le Vent	44	32	48	18	46	57	50	28
lí le Feu	13	55	63	22	36	37	30	49
duì la Brume	10	54	60	41	19	61	38	58

Le corps montagne

Tout espace est un lieu de culte depuis l'homme jusqu'à l'univers. Les taoïstes ont choisi les montagnes. La Chine est souvent appelée l'empire du milieu (*Thong guo* : *Thong* = « pays/empire » et *guo* = « milieu »), mais elle est aussi appelée le continent des esprits. Tout ce qui possède la vie possède son ou ses esprits. Les montagnes ont donc les leurs, du nord au sud du pays. Certaines d'entre elles sont plus particulièrement vénérées par les taoïstes :

- Heng shan dans la province du Shangxi.
- Taï shan dans la province du Shandong.
- Song shan dans la province du Henan.
- Hua shan dans la province du Shanxi.
- Nan yue dans le Hunan.

Les ermites vivaient à l'intérieur de la montagne dans des grottes, reflet de notre propre intériorité, avec des sources circulant à l'intérieur comme le *Qi* dans notre corps. Cette eau, en sortant de la grotte, va se transformer en vapeur, en nuage. Tout comme en alchimie interne il faudra chauffer son *Qi* pour l'extérioriser dans un échange Yin expulsion du négatif et Yang absorption du pur souffle du Tao. L'idéogramme pour écrire « grotte » symbolise une porte dans un grand espace, avec quelques éléments du caractère pour écrire eau.

Pour définir l'univers, les Chinois utilisent l'expression « ciel/terre ». La montagne et l'homme pointent tous deux vers le ciel et prennent racine dans la terre. L'eau symbolise le lien entre le ciel et la terre : elle monte de la terre et descend du ciel. En méditation taoïste, nous parlerons de souffle léger montant et souffle lourd descendant.

Le corps humain est donc un temple, comme tout espace ouvert à la vie. Pour la tradition taoïste, le temple est une montagne. C'est pourquoi, en méditation taoïste, le corps est toujours représenté comme une montagne à gravir extérieurement et à explorer intérieurement, avec ses sentiers, ses sources, sa faune et sa flore, ses pics et vallées, ses esprits, ses enfers et ses paradis.

Les représentations symboliques du corps humain

Toutes les représentations taoïstes du corps humain lui donnent une forme ovoïde et sans membres. Les plus anciennes représentations connues remontent au Xᵉ siècle. Et toutes ont un rapport direct avec l'alchimie interne, par exemple « la carte de l'accomplissement du cinabre par la nonuple révolution » sur laquelle nous trouvons gravé ceci : « L'essence, le souffle, la force spirituelle, permettent d'écouter le secondaire et retourner à l'essentiel. »

Une des toutes premières représentations du corps montagne date du XIIIᵉ siècle. Y sont indiqués la circulation du souffle dans le Du maï et le Ren maï, ainsi que les principaux organes du corps portant des noms très poétiques tels que « ciel obscur », « pleine lune », « chambre de jade ».

Sur certaines représentations, et particulièrement sur celle du « palais des trois origines » à Canton, on peut voir autour de la tête un disque un peu comparable à l'auréole entourant la tête des saints occidentaux. On y trouve également trois cercles spiralés représentant le Tao (la représentation la plus connue étant le cercle coupé en deux moitiés, l'une blanche et l'autre noire). Ici il s'agit d'un simple cercle blanc spiralé en noir (image de l'énergie qui circule en spirale dans le corps). Dans le dos sur la colonne vertébrale sont symbolisées les différentes « portes ». La moelle épinière est appelée « voie lactée ».

Enfin, sur une illustration du XIXe siècle, le « tableau des circuits intérieurs », nous pouvons distinguer au niveau des reins le Yin Yang (symbole des père et mère du Tao) envoyant le souffle *Qi* vers le sommet du crâne en franchissant trois portes. L'annotation précise qu'il s'agit de « la source jaillissante au sommet du sud » en comparaison avec le mont sacré du sud de la Chine. La colonne vertébrale n'est autre que le chemin escarpé pour atteindre ce sommet. On peut y voir également au niveau du ventre un feu qui brûle, forgeant l'élixir de longévité. Juste devant est dessiné un laboureur et son buffle travaillant la terre en symbole du travail à effectuer pour accéder à la réalisation.

Les symboles animaliers

La visualisation des divinités des six viscères et des animaux correspondants met, selon la tradition taoïste, le pratiquant à l'abri des maladies et des maléfices. Ces procédés associant respiration et visualisation ainsi que leurs descriptions précises sont apparus à l'époque des Tang.

Les six animaux/esprits et leurs viscères sont les suivants :

- le dragon pour le foie ;
- la tortue pour la vésicule biliaire ;
- le cerf pour les reins ;
- l'oiseau rouge pour le cœur ;
- le tigre blanc pour les poumons ;
- le phénix pour la rate.

Dans ce descriptif, nous retrouvons les quatre animaux protecteurs des quatre orients :

- le dragon de l'Est ;
- l'oiseau rouge du Sud ;
- le tigre blanc de l'Ouest ;
- la tortue du Nord.

Le phénix, animal surnaturel lié à la terre, occupe le centre, et le cerf, animal de bon présage, est lié à l'eau, ce qui justifie qu'il soit associé aux reins.

La symbolique des nombres

Le un : c'est l'unité, le Tao, ce vers quoi nous allons tendre en méditation ; l'union corps/esprit. Le ciel.

Le deux : le Yin Yang, la complémentarité, la non-dualité. La terre.

Le trois : la trilogie, Ciel/Homme/Terre. Les trois vœux taoïstes : bonheur, prospérité, longévité.

Le quatre : les quatre points cardinaux. Ils sont souvent représentés par un carré symbolisant la terre. Mais attention, en Chine, c'est le nombre « porte-malheur » car sa prononciation, « si », est la même que pour le mot « mort ».

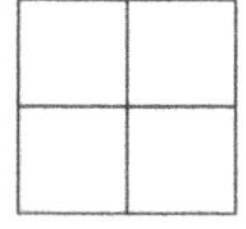

Le cinq : les cinq éléments.

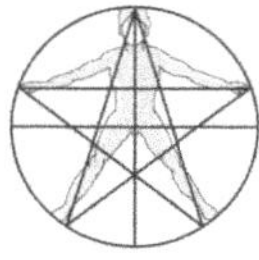

Le six : les six parties du corps.

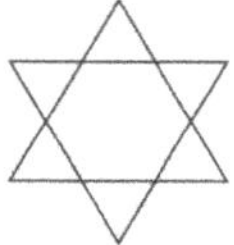

Le sept : les astres : cinq planètes plus le soleil et la lune.

Le huit : le Ba gua du Yi king le livre des mutations.

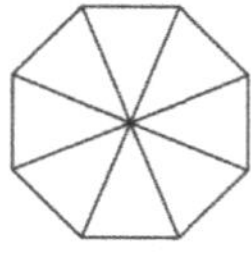

Le neuf : le nombre de la longévité.

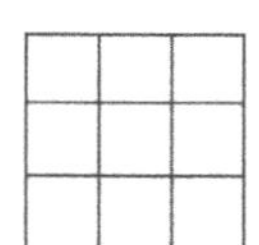

Les 24 Jie qi (termes divisionnaires)

Une année chinoise se décompose en 24 périodes de 15 jours chacune. Elles sont appelées « les articulations et respirations de l'année » et correspondent aux jours où le soleil entre dans le premier et quinzième degré de chaque signe du zodiaque. Ce sont des jours spéciaux où les étoiles diffusent et absorbent de l'énergie. Le premier jour de la période est appelé Zhong qi (terme de principe) et le quinzième est appelé Jie qi (terme divisionnaire). Cette énergie peut être utilisée pour nourrir notre *Qi*. Ces périodes sont privilégiées également par les fermiers pour semer ou récolter. Elles coïncident avec le changement atmosphérique et climatique. À dates et heures précises – cela change chaque année –, les taoïstes se mettent particulièrement en méditation pour bénéficier du *Qi* de ces moments-là. À titre documentaire, voici la liste de ces périodes.

- Li et chun : début du printemps.
- Yu et shou : eau pluvieuse.
- Jing et zhe : éveil des insectes.
- Chun et fen : division du printemps.
- Ching et ming : pure clarté.
- Gu et yu : pluie des céréales.
- Li et xia : début de l'été.
- Xiao et man : mûrissement des graines.
- Mang et zhong : céréales dans la terre.
- Xia et zhi : arrivée de l'été.
- Xiao et shui : petite chaleur.
- Da et shui : grande chaleur.
- Li et qiu : début de l'automne.
- Chu et shu : limite de la chaleur.
- Baï et lu : rosée blanche.
- Qiu et fen : équinoxe d'automne.
- Han et lu : rosée froide.
- Shuang et jiang : gelée en profondeur.
- Li et dong : début de l'hiver.
- Xiao et xue : petite neige.
- Da et xue : grande neige.
- Dong et zhi : arrivée de l'hiver.
- Xiao et han : petit froid.
- Da et han : grand froid.

Les trois étapes du processus alchimique

Localisé dans les trois champs de cinabre, le travail va consister à affiner l'essence *(jing)* puis la transformer en souffle *(Qi)* qui, affiné, se transformera à son tour en force spirituelle *(shen)* pour en finalité retourner au vide.

Naturellement, le souffle va du haut vers le bas. Le travail du retour va consister à inverser le processus en remontant. L'essence séminale *(jing)* qui normalement est utilisée pour faire des enfants extérieurs, va être utilisée pour donner naissance à l'enfant intérieur : l'embryon d'immortalité.

Du Un nous passons, selon le Tao, au Deux : le YinYang, puis au Trois : Terre/Homme/Ciel, puis aux Cinq éléments, puis aux Huit trigrammes du Yi king. Le retour correspond au fait de revenir à l'unité primordiale, au grand vide ou grand tout : le Tao.

Le principe

En méditation, nous nous servons de la semence pour nourrir le *Qi*. Plus précisément nous utilisons les « neuf trésors » (trois du ciel, trois de la terre et trois humains), les trois trésors de l'homme étant, je le rappelle, la semence, le *Qi* et le principe vital supérieur.

Le *Qi* utilise les douze rameaux terrestres et les dix troncs célestes. Les douze rameaux sont en étroite relation avec l'astrologie chinoise et étaient utilisés par les taoïstes afin de prédire l'avenir.

Nous sommes tous, par nature, destinés à naître et à mourir. La tradition de l'alchimie interne taoïste a pour but de sortir de ce cycle et d'éviter le retour en créant un « fœtus immortel » formé d'un corps dit « pur Yang » appelé également « corps de diamant ». Les taoïstes ont toujours cherché l'immortalité. Pour pratiquer, il était nécessaire de choisir des périodes précises en heures solaires en fonction du déplacement des douze rameaux au niveau du Baï hui (sommet de la tête), par exemple :

- *Zi* : de 23 heures à 1 heure.
- *Wu* : de 11 heures à 13 heures.
- *Mao* : de 5 heures à 7 heures.
- *You* : de 17 heures à 19 heures.

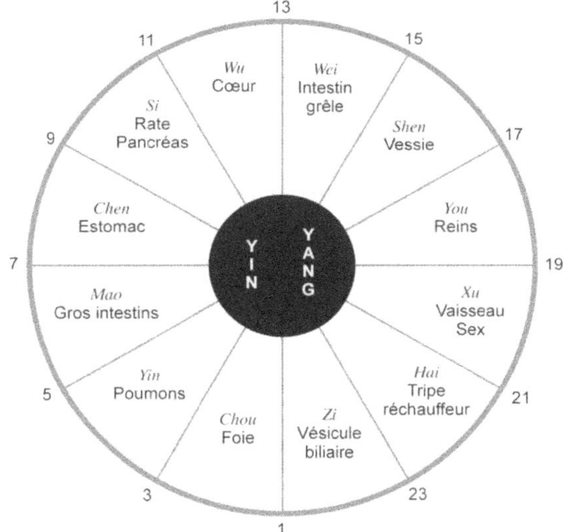

Zi correspond à la période favorable pour absorber l'essence de la lune.

Wu correspond à la période favorable pour absorber l'essence du soleil.

Mao et *you* correspondent aux périodes où le *Qi* de la terre est le plus puissant.

La technique

Première étape : observer la cavité ancestrale

Ce que l'on appelle « la cavité ancestrale », c'est le Xuan guan, point qui se trouve entre les sourcils.

L'objectif consiste à nourrir nos facultés mentales et physiques *(xing)* et à développer nos forces vitales *(ming)* afin d'élever le niveau de conscience. Cette pratique est associée à la tradition du *Yi king* avec les trigrammes Li et Kan.

Li : symbolise le feu (en haut)

Kan : symbolise l'eau (en bas)

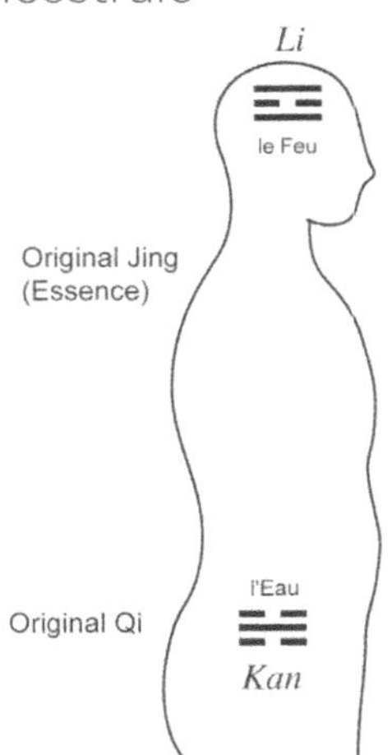

Deuxième étape : verser du Kan dan

Le trigramme Li (feu) se décompose en deux traits Yang (pleins) et un trait Yin (coupé) au milieu.

Le trigramme Kan (eau) se décompose en deux traits Yin (coupé) et un trait Yang (plein) au milieu.

Le travail du *Qi* va consister à déplacer (verser) le trait Yang de l'eau (Kan) pour le mettre à la place du trait Yin du feu (Li) qui ira le remplacer dans l'eau.

Nous obtenons ainsi deux nouveaux trigrammes :

Qian : trois Yang

Kun : trois Yin

représentant le Pur Yang et le Pur Yin.

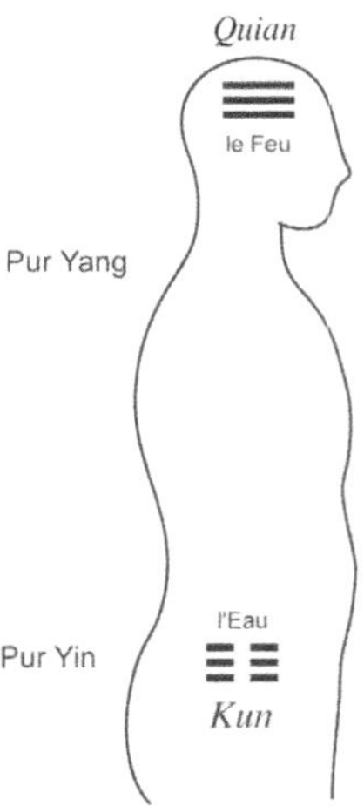

Troisième étape : Inversion de Qian et Kun

Le Pur Yang est en haut et le Pur Yin en bas. Cette inversion est nécessaire pour la simple raison que pour que l'eau boue il faut qu'elle se trouve sur le feu. Pour former le « *Qi* Authentique » et la « Pilule d'Immortalité », il faut placer l'eau sur le feu.

À ce stade, les taoïstes arrivaient à se passer de nourriture, de sommeil et de relations sexuelles, la semence étant utilisée pour créer le « Corps Immortel » et le Pur *Qi*.

Ce *Qi* authentique remonte au Ni wan qui en absorbe le meilleur, le reste étant expulsé vers le Xuan guan puis la bouche.

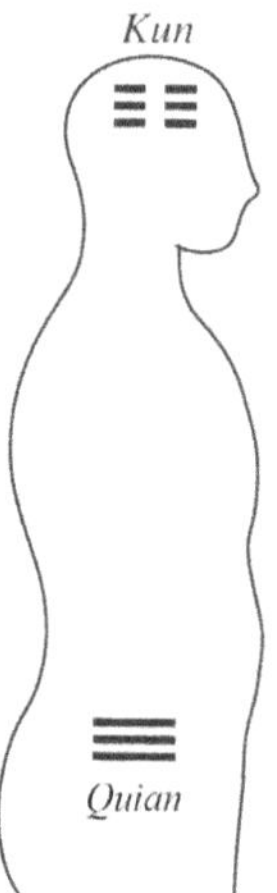

Le chaudron sur le feu

On symbolise le Dan tian inférieur comme étant le fourneau contenant à la fois le chaudron (avec l'eau) et le feu en dessous. Il est nécessaire pour attiser le feu d'utiliser un soufflet pour faire du vent. Ce rôle est attribué au Huï yin qui, en remontant, agit comme le soufflet d'une forge et densifie le feu, qui fait bouillir l'eau et forme le *Qi* authentique.

L'eau, le feu et le vent sont les trois éléments nécessaires à la fabrication du *Qi* authentique qui lui-même est indispensable à la création de la pilule d'immortalité.

Xuan guan, Dan tian et Huï yin participent à la formation du *Qi* authentique. Ce dernier est ensuite envoyé au Ni wan. Cette action s'appelle « réunir les trois fleurs au sommet ».

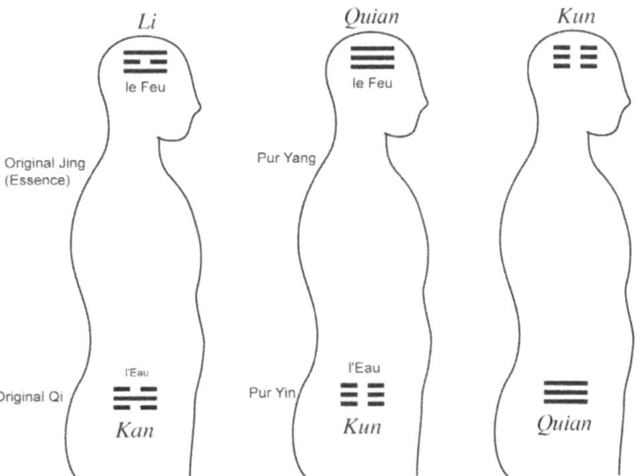

Sang et sperme authentique

Le sang chez les femmes est associé au plomb. Chez les hommes, c'est le sperme. Le *Qi* authentique est associé au mercure.

La technique taoïste du mercure et du plomb consiste à travailler sur le sperme et le sang pour développer le *Qi* authentique. C'est pourquoi le sens interne de la rotation du *Qi* est très important : pour les hommes, le *Qi* descend devant, tourne vers l'arrière et remonte. Pour les femmes, le *Qi* descend derrière, tourne vers l'avant et remonte.

Conclusion

Le *Qi* authentique est constitué des énergies Yin Yang. Il est différent du *Qi* ordinaire puisque passé à la cuisson. Il remonte et se concentre au niveau du Ni wan, qui en absorbe le meilleur, le reste étant expiré par la bouche. Le *Qi* authentique procure force et robustesse.

L'eau, le feu et le vent sont trois éléments indispensables pour l'obtenir.

L'eau dans la nature est nécessaire pour éteindre le feu. Son principe naturel, c'est de couler vers le bas : du ciel vers la terre, de la source au sommet de la montagne vers la mer. Jamais l'inverse.

Si l'on veut faire monter cette eau, il faut la transformer. Comme pour toute transformation, c'est le feu qui va opérer en la chauffant jusqu'à la température de 100 °C, lui permettant ainsi de se transformer en vapeur et de s'élever.

L'être humain est essentiellement constitué d'eau. Par notre respiration, nous prenons de l'oxygène qui est un combustible. Lorsque vous faites du sport, votre respiration s'accélère. Vous avez besoin de plus d'oxygène, vous avez chaud. Votre alimentation fournit également du combustible.

Si bon nombre de pratiques religieuses prônent l'abstinence sexuelle, c'est parce que le désir est une chaleur (on dit d'ailleurs pour les animaux qu'ils « sont en chaleur »). Si vous avez des relations sexuelles, vous libérez ce feu. Or celui-ci est nécessaire à la transformation, donc toutes les « fenêtres » doivent être closes pour que ce feu puisse inverser le processus et faire remonter cette énergie, comme la vapeur d'eau. D'autre part, je vous rappelle que la semence et le sang doivent être utilisés dans l'alchimie interne afin de créer le « fœtus d'immortalité ».

Le conseil du prof

Toute cette partie vous paraît peut-être un peu « abstraite ». Toutefois il était nécessaire d'avoir ces connaissances pour aborder efficacement cette approche de la méditation taoïste, ne serait-ce que pour la différencier clairement des autres techniques de méditation et comprendre pourquoi nous pratiquons de cette manière.

CHAPITRE 4

UNE GESTION DU STRESS

Au programme

- Détectez les signes de stress
- Analysez les causes
- Cherchez une solution

On ne peut pas éliminer le stress, c'est quelque chose qui est nécessaire à l'action ; il faut juste éviter l'excès. Il est positif quand il nous pousse à l'action pour dépasser nos limites. Il est négatif lorsqu'il nous submerge et que nous ne pouvons plus faire face à la situation parce que l'organisme ne répond plus.

Ce n'est pas une maladie, mais des maladies peuvent survenir du fait de trop de stress.

Le stress se gère. La méditation est un moyen pour apprendre à le gérer. La vie, VOTRE vie, est une succession de rythmes. Le problème, c'est qu'à notre époque nous avons tendance à perdre le rythme. Il ne s'agit pas d'aller vite tout le temps, le rythme est une alternance : temps forts/ temps faibles ; actions/repos… L'homme moderne agit sans cesse : au travail, il faut du rendement ; il fait ses courses en se dépêchant ; il part en vacances rapidement et peut-être moins longtemps mais plus souvent qu'avant. Ce qui fait qu'il est tout le temps en train de bouger. Tant et si bien que vous dormez mal, mangez mal, aimez mal. Pourquoi ? Parce que le temps essentiel, le temps de repos, n'est plus là. L'action, même si elle n'est pas physique, est toujours dans votre tête. Vous courez dans votre tête, il y a surcharge et vous avez la sensation du stress.

Un moteur qui tourne à plein régime sans cesse finit par céder. À tel point que le stress entraîne avec lui ses « amis » : la colère, qui engendre l'agressivité, qui engendre la violence, qui engendre la peur, qui engendre la colère….

Une solution pour gérer son stress ? Vous voyez clairement que la solution, chacun d'entre nous la détient. Il ne faut pas attendre que ce soit quelqu'un d'autre, ou une association, ou un pouvoir public quelconque qui règle le problème. C'est à chacun de travailler sur soi.

Méthode

Détectez les signes de stress

- Irritabilité ;
- Fatigue permanente ;
- Manque de concentration ;
- Désintérêt ;
- Difficulté à se lever le matin ;
- Difficulté à se coucher le soir ;
- Souvent malade ;
- Manque d'humour ;
- Tension générale.

Analysez les causes

- Trop ou pas assez de travail ;
- Trop ou pas assez de responsabilités ;
- Insécurité de l'emploi ;
- Problèmes relationnels ;
- Insatisfactions ;
- Transports ;

- Manque de sommeil ;
- Bruit ;
- Isolement.

Cherchez une solution

Faites un carnet de notes

Notez-y ce qui vous a stressé dans la journée en évaluant sur une échelle de 1 à 10 le degré de stress ressenti. Notez quand, comment et pourquoi, ce que vous avez fait ou pas, ce que vous auriez voulu faire ou pas.

Utilisez ce carnet dans un sens positif, pour suivre votre évolution dans votre travail sur vous-même. Ne vous autocritiquez pas, ce n'est pas l'objectif. Prenez le fait, admettez-le et travaillez positivement et concrètement dessus.

Réglez votre rythme

C'est le point le plus important.

Chaque jour, vous décidez de vous accorder 5 minutes de méditation : détente, respiration, non-action. Vous décidez de prendre le temps de manger : mieux, moins vite et régulièrement, selon votre rythme. Vous décidez de marcher le plus souvent possible.

Notez que, pour chacune de ces étapes, j'ai employé le verbe « décider » à la deuxième personne du pluriel. Personne ne peut réagir pour vous.

Méditer va vous procurer une bonne respiration, clé pour la détente. Petit à petit, vous allez sentir qu'à chaque fois que vous prendrez le temps de respirer la détente viendra, ce en tout lieu et en toutes circonstances, si bien que des situations qui vous paraissaient insolubles avant vont tout d'un coup s'éclaircir. De ce fait, votre attitude sera de plus en plus positive, et vous serez plus efficace car vos actions auront mûri pendant l'inaction.

La méditation, c'est cela : une pause complète du physique et du mental. Vous voulez être efficace, sans stress ? Commencez par appuyer sur le bouton « pause ».

Et enfin, prenez conscience que notre course entraîne la perte irrémédiable d'espèces vivantes, le mépris d'autres personnes qui ne vivent pas comme nous dans des pays étrangers lointains, qui ne suivent pas ce rythme et à qui d'ailleurs on ne laisse même pas le choix de le suivre ou non puisqu'on les exclut du fait que nous sommes, paraît-il, supérieurs. Nous sommes surtout supérieurement stressés.

Pour mieux vivre, pour que la planète respire, pour que l'homme s'humanise, la question n'est pas d'« avoir » mais d'« être ». À la fin de votre vie, que restera-t-il de vos « avoir » ? Comme le dit Alain Souchon dans la chanson « Foule sentimentale » : à quoi cela sert-il d'« avoir de l'avoir plein les tiroirs… » ?

Nous pouvons maintenant aborder la pratique progressive sur trois semaines.

Ne perdez pas de vue que nous travaillons dans l'objectif de préserver notre santé et notre bien-être. Je le répète encore une fois : quelle que soit votre croyance ou non-croyance, vous pouvez pratiquer sans crainte, nous sommes dans le domaine de l'énergie et rien d'autre.

PARTIE 2

LA PRATIQUE

Remarques préliminaires

À partir de maintenant, vous allez essayer de faire de chaque acte de votre vie un exercice de relaxation. Dans vos comportements et actions, soyez « relax » : marchez, parlez, écoutez, mangez « relax ». Ralentissez votre rythme. Ou, plutôt, quand vous vous dépêchez, demandez-vous pourquoi vous courez. En voiture, par exemple. Pourquoi roulez-vous très vite ? De nos jours, ce n'est plus où l'on va qui est important, c'est juste d'y aller vite. Être le premier, oui, pourquoi ? Sommes-nous dans une compétition sportive ? Y a-t-il une remise de médailles ?

Plus nous allons vite, plus nous créons en nous-même des tensions et installons la peur et les doutes et, au final, la maladie.

Développez une extrême vigilance sur vous-même, soyez à l'écoute permanente de votre corps, à l'affût des tensions physiques au niveau de la nuque, du dos, des jambes et tout de suite, où que vous soyez, relaxez-vous consciemment. Petit à petit, vous allez vous rendre compte que votre corps obéit, il se détend. Alors, au bout d'un certain temps, cela devient une habitude et vous êtes moins fatigué, plus alerte.

C'est une fois cette étape acquise que vous allez pouvoir détendre le mental. Si le physique est détendu, le mental peut alors suivre. Il devient disponible pour vous écouter et répondre efficacement. Tant que le corps n'est pas détendu, c'est impossible. Le mental se détendant, automatiquement votre cœur s'apaise.

Enfin vous pourrez accéder à l'étape ultime de la méditation en elle-même : une pure et simple observation interne et une conscience instinctive de votre être réel.

Ainsi vous allez de l'externe vers l'interne, vers le plus profond ; du plus simple au plus compliqué. Mais ne brûlez pas les étapes. Tant que vous n'avez pas détendu le corps, tant que vous n'êtes pas « relax », le reste ne peut pas venir. C'est une conscience de tous les instants et ce n'est jamais définitivement acquis. Mais vous allez tellement gagner à ce travail qu'il deviendra vite aussi nécessaire que manger ou se laver, vous ne pourrez plus vous en passer.

Vivez pleinement et consciemment l'instant présent.

Sur trois semaines, nous allons découvrir et pratiquer cette méditation partant du plus simple, le corps, au plus subtil, l'esprit.

3 semaines / 3 paliers :
- Première semaine : la Terre
- Deuxième semaine : l'Homme
- Troisième semaaine : le Ciel

CHAPITRE 5

PREMIÈRE SEMAINE : LA TERRE

Au programme

- Exercices assis de gym taoïste
- Bilan de la première semaine

Creusons les fondations en sept jours.

Ce sont les bases. Avant même de savoir respirer, il faut apprendre à se tenir immobile et se détendre. Je vous propose de faire, chaque jour, cinq minutes de relaxation, plus un mouvement de gym taoïste assis pour enraciner votre posture.

Exercices assis de gym taoïste

À pratiquer chaque jour en début de séance.

À savoir

Dans les pratiques taoïstes, nous travaillons sur la longévité. Le 9 étant le plus grand nombre à un chiffre, il symbolise donc la longévité.

Particulièrement en Chine, nous le rencontrons très souvent :

9 lignes de 9 clous sur les portes des palais ;

Des ponts à 9 arches ;

Les 9 rites du livre des rites, symbolisant les 5 états de mutation ;

Les 9 espaces du « Ming-Tang », la salle de lumière en relation avec 9 planètes ;

Le carré magique à 9 cases.

Massages à pratiquer assis

Grincer des dents

Modérément, vous commencez par claquer neuf fois les mâchoires, puis vous faites lentement grincer vos dents.

Objectif : éveiller l'intérieur de la bouche.

La toilette

La tête

Les doigts en « peigne », vous frottez fermement le cuir chevelu.

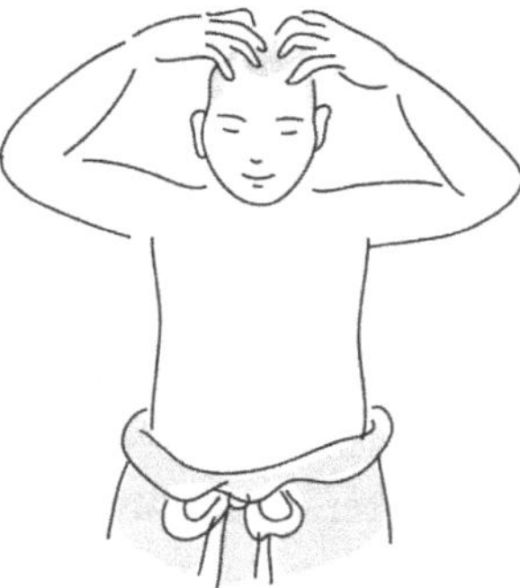

Chauffez vos mains en les frottant l'une contre l'autre, puis appliquez les paumes sur le visage et massez de l'intérieur vers l'extérieur neuf fois.

Chauffez vos mains en les frottant l'une contre l'autre, puis appliquez-les sur les oreilles et frottez jusqu'à ce que les oreilles chauffent.

Chauffez les mains et placez les index de chaque côté du nez, massez jusqu'à ce que ça chauffe.

Chauffez les mains, placez-les sur la nuque et massez de l'intérieur vers l'extérieur neuf fois.

Le tronc

Avec la main droite, brossez l'épaule gauche (comme pour ôter des pellicules), puis faites la même chose de l'autre côté : trois fois de chaque côté.

Avec la main droite, partant de l'épaule gauche, descendez vigoureusement le long du bras gauche qui est tourné paume de la main vers le ciel, en expirant. Retournez le bras gauche et remontez la main droite le long du bras en partant du dos de la main gauche jusqu'à l'épaule en inspirant. Faites cela neuf fois à gauche et neuf fois à droite.

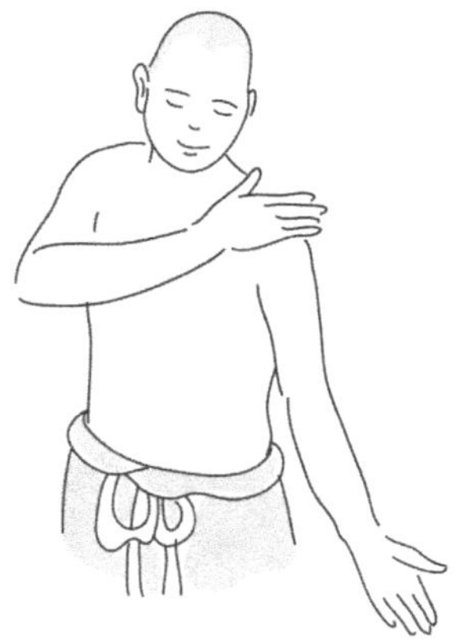
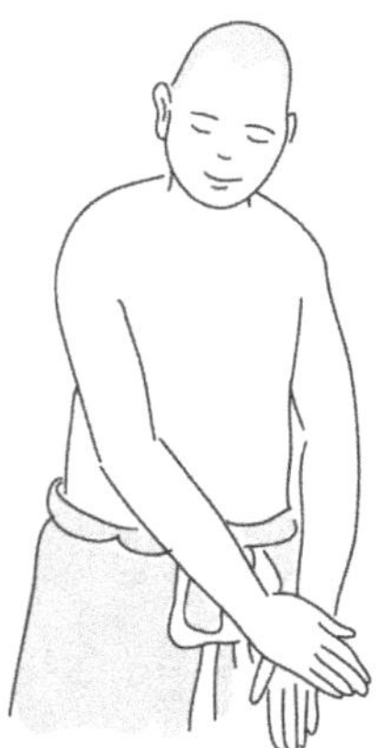

Posez votre main droite à la base du cou et descendez sans appuyer jusque sous le nombril en expirant puis remontez en inspirant. Faites cela neuf fois.

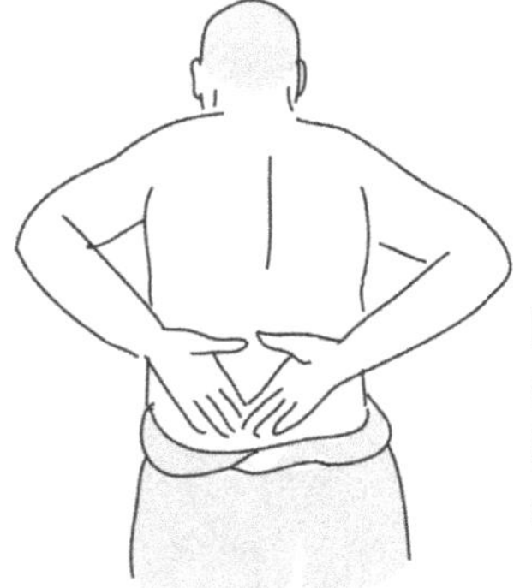

Placez le dos de vos mains sur les reins et massez de haut en bas et de bas en haut vigoureusement jusqu'à ce que ça chauffe.

Les jambes

Étendez vos jambes devant vous, posez les
mains sur l'intérieur des cuisses en expirant.
Laissez-les glisser jusqu'aux chevilles, faites
le tour des pieds puis, en inspirant, remontez
les mains sur l'extérieur des jambes jusqu'au
bassin. À faire neuf fois.

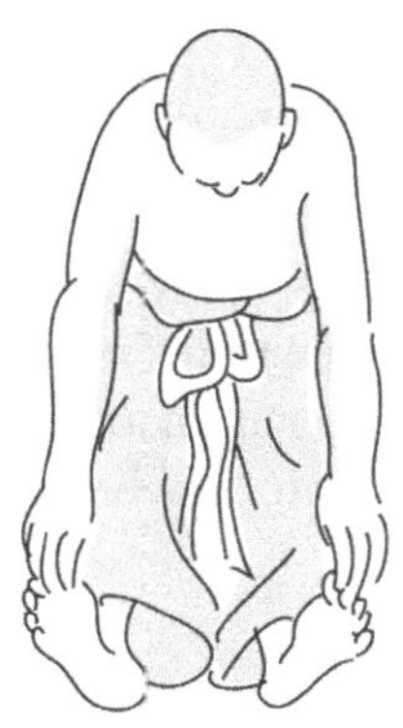

Lundi

Exercice n° 1 : le métronome

Objectif : ressentir l'assise bien centrée, le sommet de la tête aligné
avec le coccyx.

Asseyez-vous en tailleur, la jambe gauche devant pour les hommes
(l'inverse pour les femmes).

Pendant une minute, basculez régulièrement le buste d'un côté et
de l'autre, tel un métronome. Vous inspirez d'un côté par le nez et
soufflez de l'autre par la bouche.

En fin d'exercice, laissez le corps reprendre sa place naturellement
en ressentant le centrage.

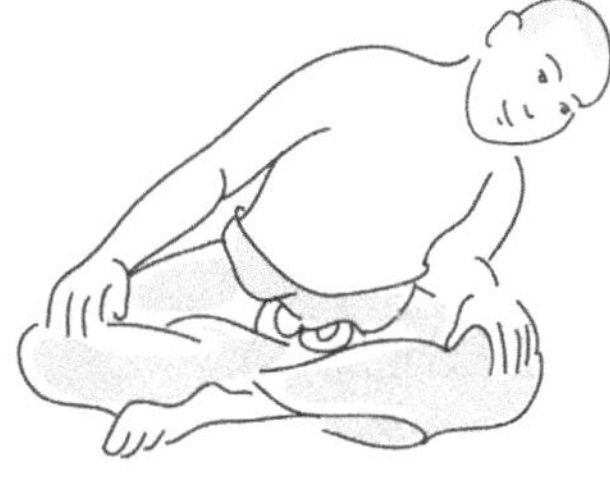
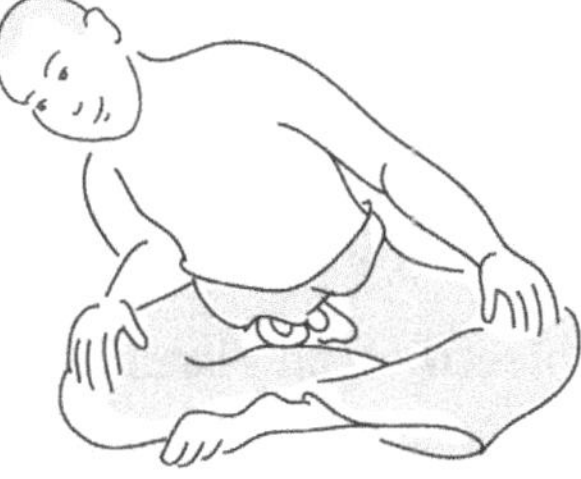

Exercice n° 2 : le culbuto

Objectif : l'objectif de cet exercice très ludique est de confirmer votre assise et de détendre votre bassin.

Assis sur le sol, placez vos plantes de pieds l'une contre l'autre et tenez-les fermement dans vos mains. Tranquillement, laissez-vous partir en arrière légèrement vers la droite, revenir assis, partir sur le côté gauche, le dos et continuez autant que vous voulez.

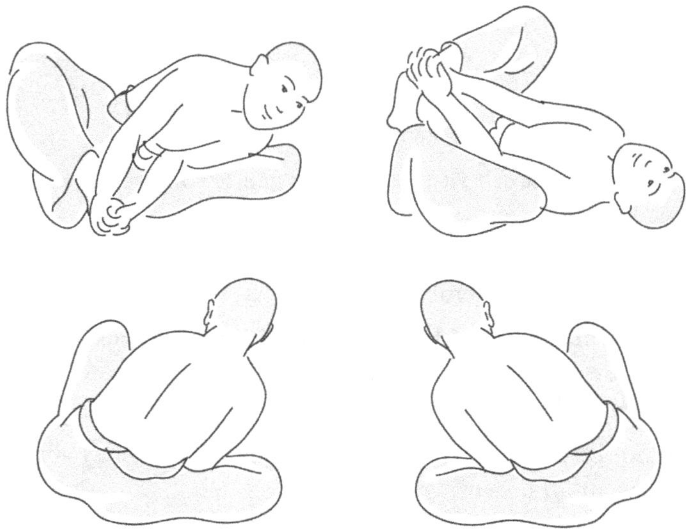

Mardi

Exercice n° 1 : le balancier

Objectif : bien placer le bassin (en rétroversion).

Asseyez-vous en tailleur (respectez la position homme ou femme). Dans un mouvement régulier, penchez le buste en avant et revenez. Ne décollez pas les fesses quand vous partez en avant. Soufflez par la bouche en vous penchant, inspirez par le nez en revenant. Faites cela pendant une minute, puis laissez le corps reprendre sa place naturellement, en ressentant la bascule du bassin vers l'avant (cela soulage les vertèbres lombaires).

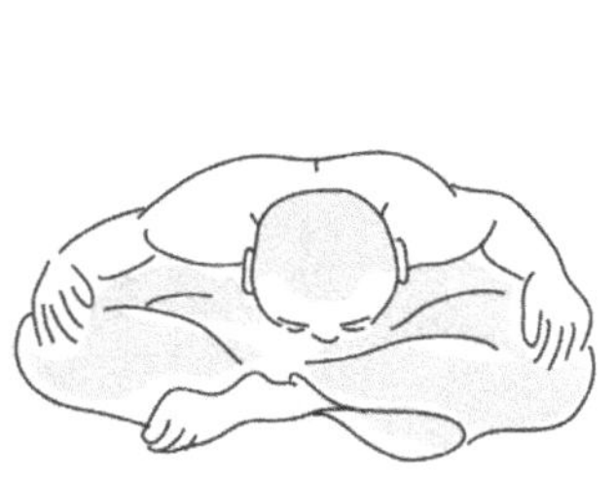

Exercice n° 2 : la statue

Objectif : s'habituer à ne plus bouger.

Rester totalement sans bouger est finalement assez difficile. Prenez votre position assise en tailleur, laissez vos bras et vos mains se poser naturellement sur vos cuisses, fermez doucement les yeux en expirant et ne bougez plus pendant une minute. Surtout surveillez le moindre détail (orteil qui remue un peu, raclement de gorge, correction de l'assise, mouvement des yeux…). Je vous rappelle que rien ne doit bouger pendant une minute, mis à part le mouvement du ventre ou de la poitrine pour respirer bien sûr. Si c'est facile pour vous, vous pouvez allonger la durée de l'exercice.

Mercredi

Exercice n° 1 : rotation du buste

Objectif : confirmation de l'assise et souplesse du bassin.

Asseyez-vous en tailleur (veillez à respecter la position homme, femme) et décrivez pendant une minute de grands cercles avec le buste de façon fluide et la plus ample possible. Soufflez par la bouche sur la rotation vers l'avant et inspirez par le nez sur la rotation vers l'arrière.

Exercice n° 2 : voir

Objectif : il consiste à amener le *Qi* vers les yeux et à voir sans pour autant s'attacher à ce que l'on voit.

Vous êtes assis en tailleur, les yeux ouverts sans fixer un point particulier ni tourner les yeux à droite ou à gauche. Ne forcez pas la vue, ne plissez pas les sourcils. Ayez le regard que vous avez lorsque vous observez l'horizon. N'analysez pas, ne jugez pas et ne faites aucun commentaire. Juste voir.

À faire pendant trois minutes.

Jeudi

Exercice n° 1 : pencher le buste

Objectif : assouplir les jambes et le bassin afin de préparer la position assise en tailleur prolongée.

Asseyez-vous, les jambes tendues serrées devant vous. À rythme régulier et pendant une minute, penchez le buste vers l'avant. Vos mains glissent à l'intérieur de vos jambes jusqu'aux pieds, en font le tour et remontent en glissant sur l'extérieur jusqu'au bassin. Soufflez par la bouche sur la flexion, inspirez par le nez sur l'extension.

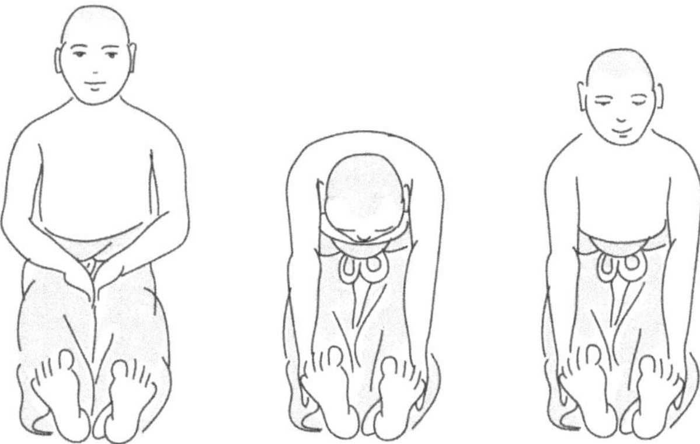

Exercice n° 2 : écouter

Objectif : amener le *Qi* vers les oreilles.

Asseyez-vous en tailleur. Rien de tel pour bien écouter que de fermer les yeux. Recevez les sons, accueillez-les, des plus proches au plus lointains, toujours sans aucune analyse. En fait, il faudrait que l'ouïe perçoive ce qu'elle n'entend pas d'habitude.

À faire pendant trois minutes.

Vendredi

Exercice n° 1 : flexion du buste à gauche et à droite

Objectifs : assouplir le bassin et les jambes.

Assis comme pour le mouvement précédent, mais avec les jambes écartées, vous inclinez le buste alternativement d'un côté et de l'autre. Votre main gauche attrape votre pied droit quand vous descendez à droite et votre main droite attrape votre pied gauche quand vous descendez à gauche. Soufflez par la bouche sur les flexions du buste et inspirez par la bouche sur les extensions du buste.

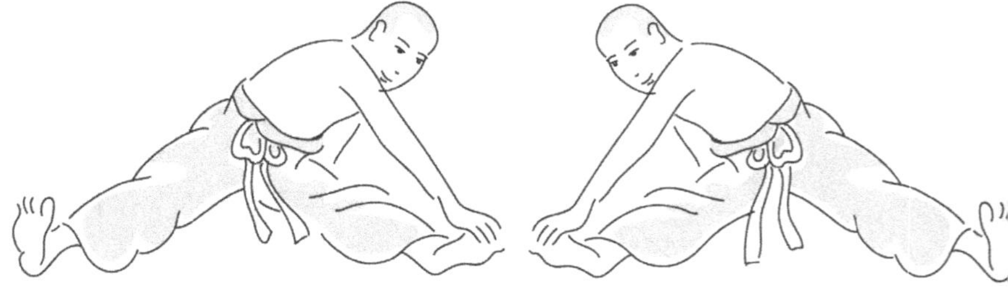

Exercice n° 2 : sentir

Objectif : stimuler le *Qi* dans le nez.

Assis en tailleur, les yeux fermés, concentrez-vous aujourd'hui sur les odeurs. Faites d'abord quelques respirations tranquillement, inspiration par le nez et expiration par la bouche, puis commencez à ressentir les odeurs des plus proches aux plus éloignées. Sans juger, passez sur chaque odeur.

À faire pendant trois minutes.

Samedi

Exercice n° 1 : tourner la taille

Objectif : assouplir le dos et principalement la taille.

Asseyez-vous en tailleur position homme ou femme. Posez vos mains sur vos genoux et tournez régulièrement la taille, d'un bloc, de chaque côté. Inspirez par le nez en tournant la taille, soufflez par la bouche en ramenant la taille de face. Faites cela pendant une minute.

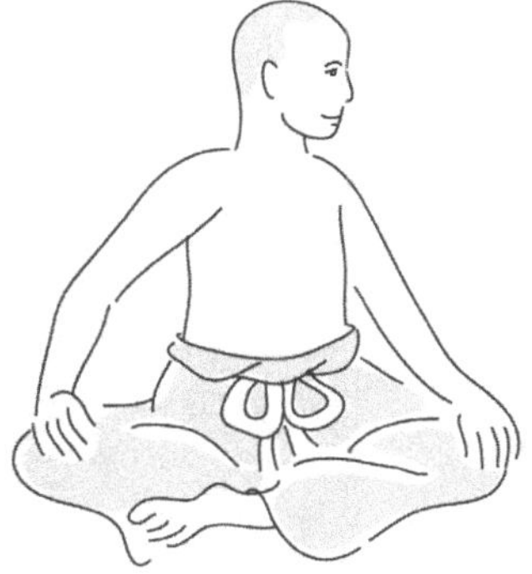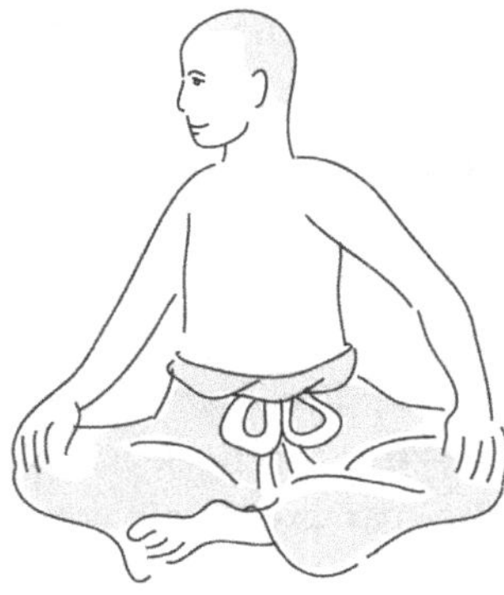

Exercice n° 2 : goûter

Objectif : stimuler le *Qi* du palais.

Assis en tailleur les yeux fermés, vous allez accumuler de la salive dans la bouche. Un petit « truc » : placez la pointe de la langue sur le palais supérieur. Ensuite vous « mâchez » cette salive comme pour goûter un grand vin, puis vous l'avalez en essayant de la sentir descendre dans votre ventre.

À faire pendant trois minutes.

Dimanche

Exercice n° 1 : le papillon

Objectif : ouvrir les hanches.

Assis, vos plantes de pieds se touchent. Vous les tenez avec vos mains et, à rythme régulier, vous « battez » des jambes (comme un papillon bat des ailes) pendant une minute.

Exercice n° 2 : toucher

Objectif : stimuler le *Qi* de la peau.

Asseyez-vous en tailleur, les yeux fermés, les mains posées sur les cuisses. Ressentez les points de contact de votre corps avec le sol, avec d'autres parties du corps. Faites une « check-list » minutieuse, par exemple : votre cuisse gauche touche le sol, quelle partie exactement est en contact et laquelle ne l'est pas ? Puis continuez l'analyse de la jambe gauche et ensuite passez à la droite, etc.

À faire pendant trois minutes.

Bilan de la première semaine

Cette semaine de préparation est essentielle pour s'installer dans la méditation dans de bonnes conditions. Insistez particulièrement sur les exercices sur les cinq sens.

Le premier de ces exercices, mercredi, demande de travailler la vue alors que les quatre suivants se font tous les yeux fermés. De nos cinq sens, ce sont les yeux qui prennent le plus d'énergie, les quatre autres sens leur sont totalement subordonnés. Certains, comme le goût et l'odorat, sont quasi inexistants. C'est la raison pour laquelle, lorsque vous voulez réellement écouter, sentir, goûter ou toucher, vous fermez automatiquement les yeux.

Fermer ses yeux permet d'éviter d'être tenté par l'externe. Le véritable ressenti ne peut être qu'intérieur, c'est là que s'opère la réunion (« ré-union » : unir à nouveau, le retour) vers l'unification. Le centre n'est pas placé dans la tête, mais dans le ventre.

Extérieurement, vous êtes déjà par nature divisé en cinq (cinq sens = cinq individualités) : vos oreilles n'entendent pas nécessairement ce que vos yeux voient. À quel sens faut-il faire confiance ?

Intérieurement, vous revenez à l'un. Forcément il n'y a nulle part où s'échapper.

CHAPITRE 6

DEUXIÈME SEMAINE : L'HOMME

Au programme

- Exercices debout de gym taoïste
- Bilan de la deuxième semaine

Bâtissons l'architecture en sept jours.

Si les bases sont installées, il faut, pour que la maison tienne debout, une charpente solide. Chaque jour, nous allons travailler sur la respiration : en prendre conscience d'abord, puis l'installer en l'associant à des mouvements de gym taoïste pour ouvrir la poitrine, favoriser la venue du souffle dans le ventre, assouplir le bassin et les jambes.

Exercices debout de gym taoïste

À pratiquer chaque jour en début de séance afin d'assouplir les jambes et le bassin et ainsi de stimuler le *Qi* dans tout le bas du corps.

Exercice n° 1

Les jambes écartées à la largeur des hanches, les épaules basses, bras relâchés le long du corps. Tournez la taille alternativement dans un sens et dans l'autre sans forcer et sans à-coups. Vous inspirez par le nez d'un côté et vous soufflez de l'autre. Les bras suivent le mouvement sans contrôle. À la fin de l'exercice vous laissez le corps reprendre sa place progressivement. Ne bloquez pas d'un coup.

À faire pendant une minute.

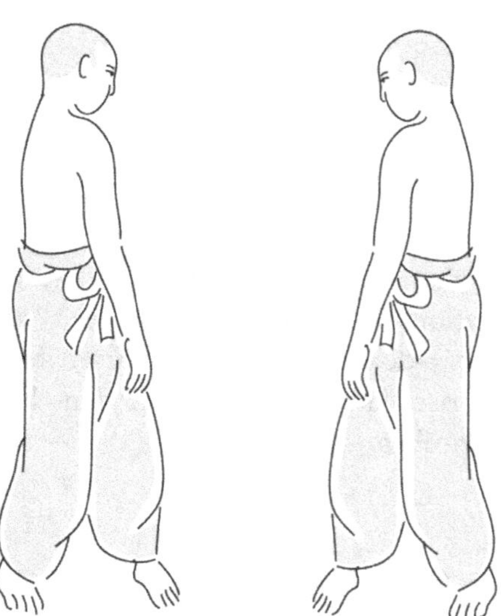

Exercice n° 2

Dans la même position, plantez fermement vos pieds au sol. Les jambes sont légèrement fléchies, la tête droite sans tension, le regard au loin. Les bras sont détendus le long du corps.

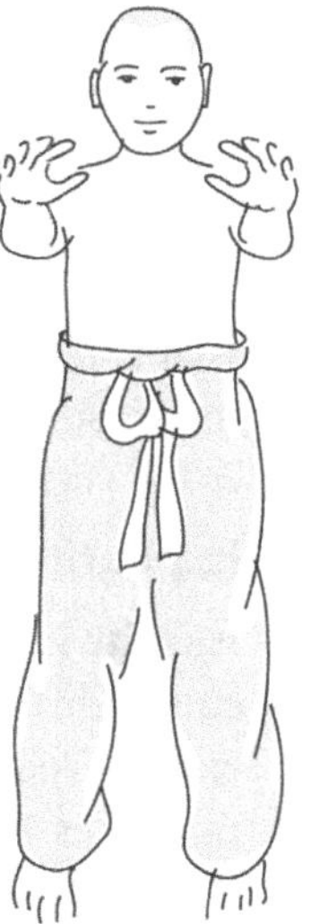

Inspiration : montez lentement et simultanément les bras jusqu'au niveau des épaules, paumes des mains vers le sol.

Expiration : baissez lentement les bras et amenez-les en arrière, paumes des mains vers le ciel.

À faire pendant une minute.

Exercice n° 3

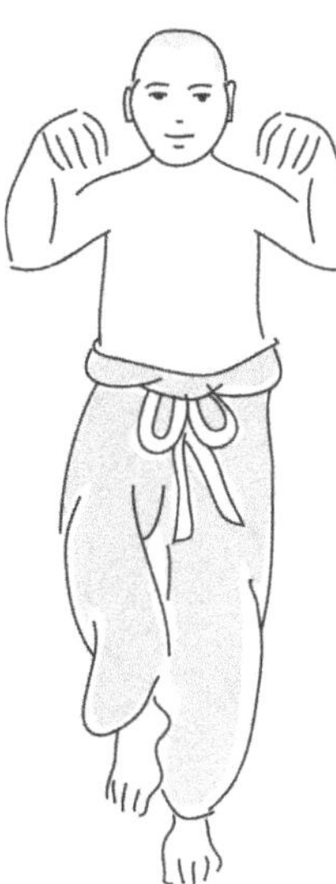

Il s'agit du même exercice que le précédent mais à chaque fois que vous montez les bras devant, vous montez également un genou (comme pour gravir une marche assez haute) en inspirant. Expirez quand vous posez fermement le pied et abaissez les bras.

À faire pendant une minute.

Lundi

Exercice n° 1

Objectif : stimuler les articulations des épaules et des coudes. Masser les intestins.

Préparation : asseyez-vous en tailleur la main droite posée sur la cuisse gauche. La main gauche tient entre le pouce et l'index le poignet droit.

Inspiration : pressez avec les deux mains sur la cuisse, tournez la tête et le corps vers la droite.

Expiration : en revenant.

Ensuite inversez : la main gauche sur la cuisse droite. Tenez le poignet gauche entre le pouce et index droit. Inspiration, pressez et tournez le haut du corps à l'opposé (vers la gauche). Expirez en revenant.

À faire neuf fois à droite et à gauche.

Exercice n° 2

Objectif : stimuler les trois foyers *(Dan tian)* : supérieur, moyen et inférieur.

Il s'agit du même exercice que le numéro 1 mais les mains sont posées sur les genoux.

À faire neuf fois à droite et à gauche.

Mardi

Exercice n° 1

Objectif : stimuler les poumons, l'estomac et la tête en général.

Préparation : asseyez-vous en tailleur, les coudes collés au corps, les avant-bras parallèles aux cuisses (ils ne reposent pas dessus), paumes vers le sol.

Inspiration : serrez les poings, tirez les coudes en arrière et baissez la tête.

Expiration : en reprenant la position initiale et en desserrant les poings.

À faire neuf fois.

Exercice n° 2

Objectif : stimuler les épaules, la poitrine et le dos.

Préparation : asseyez-vous en tailleur, les mains sur la poitrine. Le regard devant sans tension.

Inspiration : vers la droite, tendez les bras et poussez avec les mains. La tête tourne vers la gauche.

Expiration : sur le retour.

Faites le même exercice de l'autre côté : inspiration vers la gauche, tendez les bras et poussez avec les mains, tournez la tête vers la droite. Expiration sur le retour.

À faire neuf fois à droite et à gauche.

Mercredi

Exercice n° 1

Objectif : soulager le cou.

Préparation : assis en tailleur, tête droite, les mains posées sur chaque cuisse.

Inspiration : tournez la taille vers la gauche, montez le bras gauche à hauteur de l'épaule dans cette direction, paume de la main vers l'avant (comme pour pousser). Tirez la main droite sur le côté droit de la poitrine, paume de la main vers vous.

Expiration : sur le retour à la position initiale.

Puis faites l'exercice de l'autre côté : inspiration, tournez la taille vers la droite, montez le bras droit à hauteur de l'épaule, paume de la main vers l'avant. Tirez la main gauche sur le côté gauche de la poitrine. Expiration sur le retour.

À faire neuf fois à droite et à gauche.

Exercice n° 2

Objectif : étirer la colonne vertébrale.

Préparation : asseyez-vous en tailleur, tête droite, les mains posées sur les cuisses.

Inspiration : levez le bras droit à la verticale, paume vers le haut. Dans le même temps, placez la main gauche sur le côté droit de la poitrine.

Expiration : sur le retour à la position initiale.

Faites l'exercice de l'autre côté : inspirez, levez le bras gauche à la verticale, paume vers le haut et main droite sur le côté gauche de la poitrine. Expirez sur le retour.

À faire neuf fois à droite et à gauche.

Jeudi

Exercice n° 1

Objectif : détendre le bassin et les jambes.

Préparation : asseyez-vous en tailleur, les mains posées sur les cuisses.

Inspiration : saisissez le genou gauche à deux mains.

Expiration : pressez-le vers la poitrine en tirant. L'autre genou reste au sol.

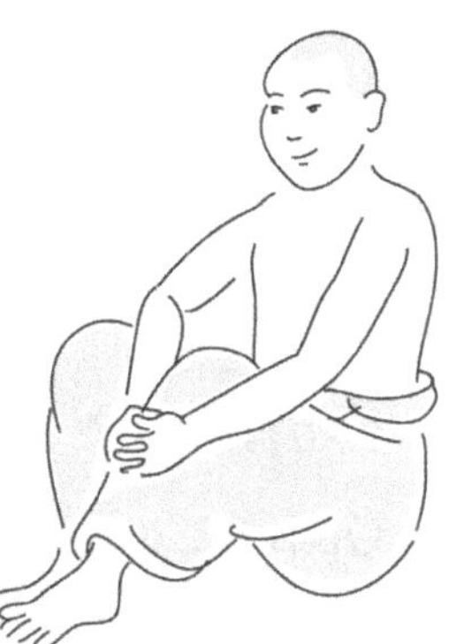

Refaites le même mouvement de l'autre côté : inspiration, saisissez le genou droit à deux mains, expiration, pressez et tirez vers la poitrine. Inspiration reposez.

À faire neuf fois à gauche et à droite.

Exercice n° 2

Objectif : détendre les jambes.

Préparation : asseyez-vous jambes tendues devant.

Inspiration : saisissez le pied droit à deux mains.

Expiration : tirez vers vous en pliant le genou droit sur la poitrine et en levant la tête.

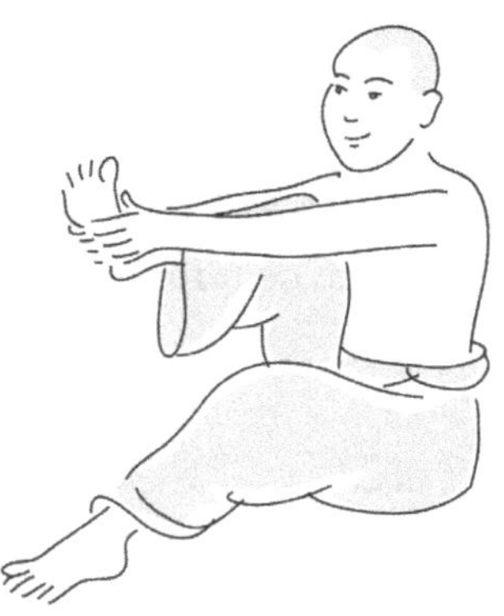

Faites l'autre côté : inspiration, saisissez le pied gauche à deux mains. Expiration, tirez en pliant le genou vers la poitrine. Inspiration, retour et expiration.

À faire neuf fois à droite et à gauche.

Vendredi

Exercice n° 1

Objectif : détendre les jambes.

Préparation : asseyez-vous jambes tendues devant.

Inspiration : pliez la jambe gauche sous les fesses, la jambe droite reste tendue.

Expiration : posez les deux mains derrière vous.

Faites l'autre côté : inspiration, pliez la jambe droite sous les fesses, expiration, posez les mains derrière vous.

À faire neuf fois à gauche et à droite.

Exercice n° 2

Objectif : soulager la colonne vertébrale.

Préparation : asseyez-vous en tailleur, les mains sur les cuisses.

Inspiration : penchez le buste en avant, posez les poings au sol devant vous, dos droit.

Expiration : poussez sur les poings et tendez les bras en tournant la tête vers la droite.

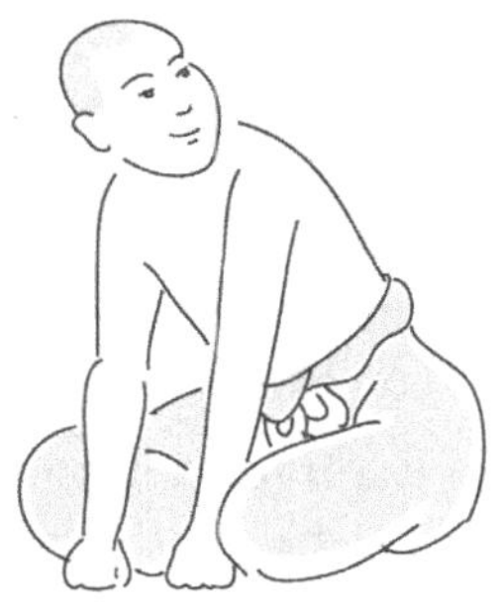

Faites l'autre côté en tournant la tête vers la gauche.

À faire neuf fois droite et gauche.

Samedi

Exercice n° 1

Objectif : stimuler le Yin et le Yang.

Préparation : asseyez-vous en tailleur les mains sur les genoux.

Inspiration : poussez sur les genoux et penchez la tête vers l'épaule gauche. Relâchez la poussée.

Expiration : poussez sur les genoux et penchez la tête vers l'épaule droite. Relâchez.

À faire neuf fois.

Exercice n° 2

Objectif : soulager les coudes et assouplir les cuisses.

Préparation : asseyez-vous en tail-leur, les mains sur les genoux.

Inspiration : la main droite saisit le coude gauche.

Expiration : poussez avec la main gauche sur le genou gauche, tandis que la main droite tire le coude gauche vers la droite. Il faut opposer une résistance du coude gauche.

Inspiration : relâchez et inversez, la main droite est posée sur la cuisse droite et la main gauche saisit le coude droit.

Expiration : poussez avec la main droite sur le genou droit, tandis que la main gauche tire le coude droit en résistance, vers la gauche.

À faire neuf fois à droite et à gauche.

Dimanche

Exercice n° 1

Objectif : détendre les genoux.

Préparation : asseyez-vous les jambes tendues devant.

Inspiration, relâchez/Expiration, pressez : les mains posées sur les genoux, exercez de légères pressions, comme un ressort.

À faire pendant une minute.

Exercice n° 2

Objectif : soulager le ventre, le bassin et les jambes.

Préparation : asseyez-vous les jambes allongées devant.

Inspiration : pliez la jambe droite sous les fesses. La jambe gauche reste tendue. Posez les mains largement derrière vous.

Expiration : levez la tête et soulevez le bassin.

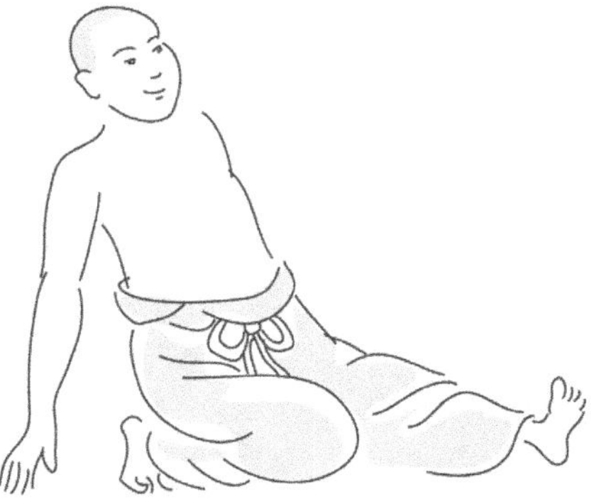

Inspiration : revenez et expirez.

Faire ensuite l'autre côté : inspiration, pliez la jambe gauche sous les fesses, gardez la jambe droite tendue. Posez les mains largement derrière. Expiration, levez la tête et soulevez le bassin. Inspirez, revenez et expirez.

À faire neuf fois à droite et à gauche.

Bilan de la deuxième semaine

La bonne posture et la détente permettent de bien respirer, le haut de votre corps repose sur le bas. Vous n'êtes plus divisé en deux, avec un haut qui tire le bas. Au contraire, vous êtes centré, posé, enraciné.

Le centre de la respiration, c'est le ventre. Tel le nouveau-né, vous retrouvez votre respiration ventrale. Votre poitrine est soulagée, vous ne tirez plus vers le haut, vous poussez vers le bas.

En inspirant et en expirant profondément, vous massez le ventre, vous l'aidez à se détendre et à éliminer tout ce qu'il peut retenir (tant digestif que psychologique).

Détente, souplesse et respiration. Quand vous marchez, dans les transports, au travail, en famille, ayez toujours ces trois mots à l'esprit. Entraînez-vous à l'immobilité « relax » où que vous soyez, prenez-vous en « flagrant délit » de tapoter des doigts sur votre bureau, bouger vos jambes ou vos pieds sans arrêt lorsque vous êtes assis, bouger sans cesse quand vous écoutez quelqu'un, etc. Tout cela, c'est de la méditation. De la méditation active, celle qui va permettre à votre corps et votre mental d'être détendu le plus souvent possible.

CHAPITRE 7

TROISIÈME SEMAINE : LE CIEL

Au programme

- Exercices pour chaque jour
- Bilan de la pratique

Maintenant la maison peut s'élever.

Durant chacun de ces sept jours, nous allons nous entraîner à nous concentrer sur chacune des « portes ». Compte tenu de la durée variable de l'exercice, il n'y aura pas de mouvements de gym taoïste. Il n'est toutefois pas interdit de reprendre ceux des deux premières semaines en début ou en fin de pratique.

À savoir

Chaque jour les exercices seront clairement et distinctement indiqués : pour les hommes et pour les femmes, du fait que les « routes » à prendre sont différentes.

Lundi

Exercices communs aux hommes et aux femmes

Ouverture du Xuan guan (entre les sourcils), Baï hui (sommet de la tête) et Ni wan (centre du crâne).

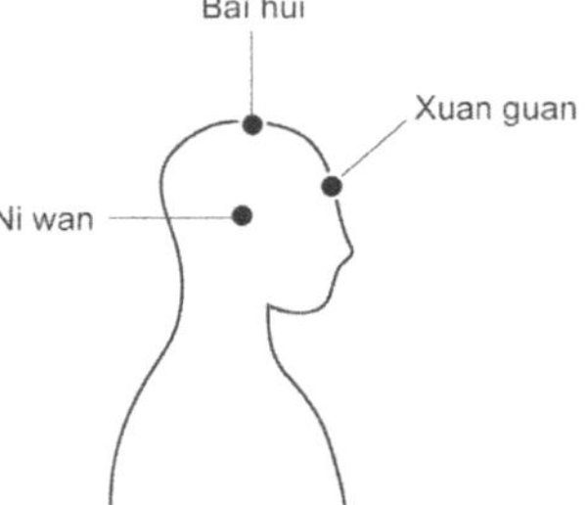

Pendant cinq minutes, assis en tailleur, les yeux mi-clos, vous allez respirer et faire descendre le souffle jusqu'au Dan tian.

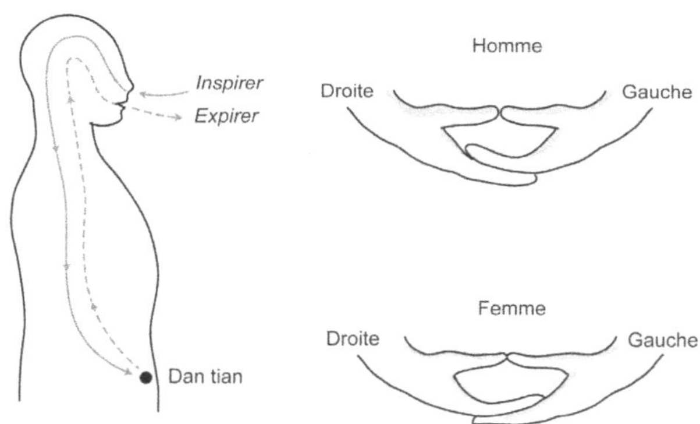

Les hommes auront placé la main gauche dans la main droite et les femmes la main droite dans la main gauche. Les pouces se touchent pour former un cercle au niveau du nombril.

Ensuite, à l'inspiration par le nez comme à l'expiration par la bouche, vous vous concentrez sur le point entre les sourcils (le Xuan guan). Visualisez Xuan guan et Dan tian liés. Faites cela pendant deux minutes.

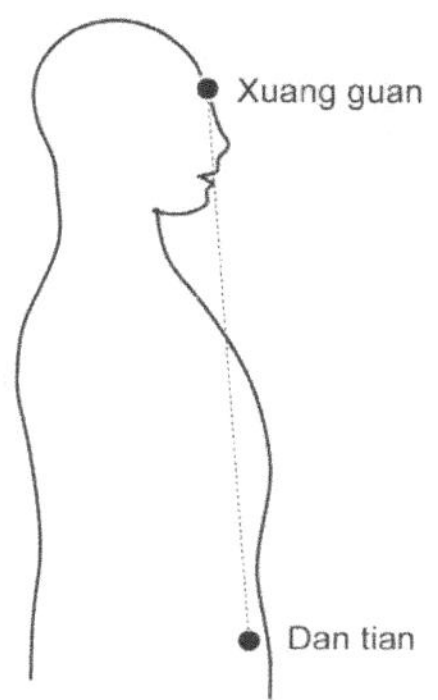

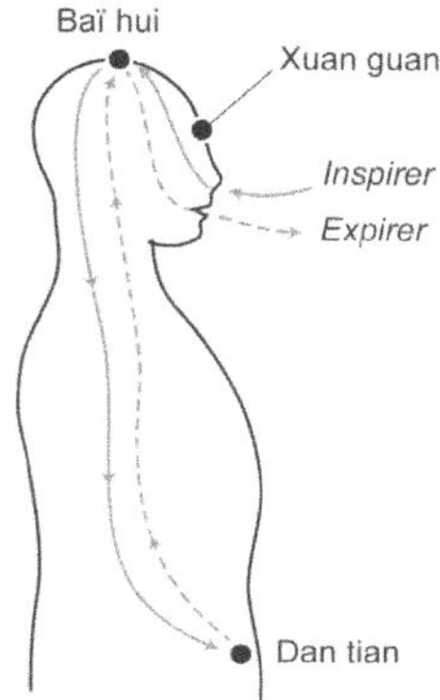

Étape suivante. Sur deux minutes toujours, à l'inspiration comme à l'expiration, concentrez-vous en plus sur le sommet de la tête (Baï hui). Visualisez Xuan guan, Baï hui, Dan tian sur l'inspiration et Dan tian, Baï hui, Xuan guan sur l'expiration.

Dernière étape pour aujourd'hui : toujours pendant deux minutes, concentrez-vous sur le centre du crâne (Ni wan). Donc quatre points à visualiser : à l'inspiration en partant du nez, Xuan guan, Baï hui, Ni wan et Dan tian. À l'expiration, Dan tian, Ni wan, Baï hui et Xuan guan en finissant par la bouche.

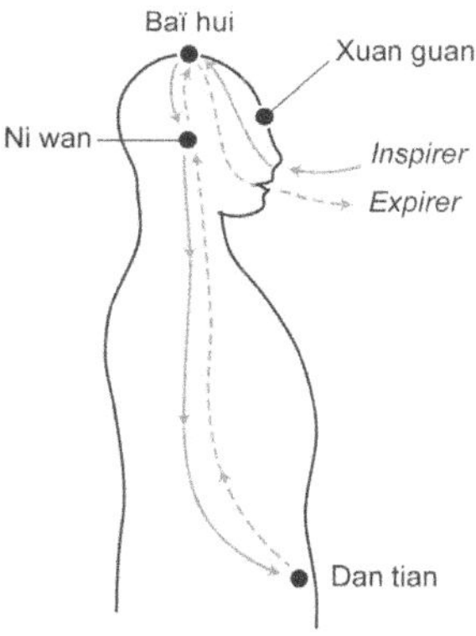

Mardi

À partir du Ni wan, les « routes » hommes/femmes se séparent à l'inspiration et se rejoignent à l'expiration. Les hommes descendent sur le devant, les femmes sur l'arrière.

Avant de poursuivre l'étude des portes, faites cinq minutes de respiration concentré sur le Dan tian.

Pour les hommes

Faites le chemin étudié hier, jusqu'au Ni wan, puis, toujours en inspirant, continuez la descente par-devant en visualisant la gorge (Dan tian supérieur), le plexus solaire (Dan tian médian) et le point situé à trois doigts sous le nombril (Dan tian inférieur : le plus important). Pour le retour à l'expiration suivez le même chemin à l'inverse : nombril, plexus solaire, gorge, Ni wan, Baï hui, Xuan guan et bouche.

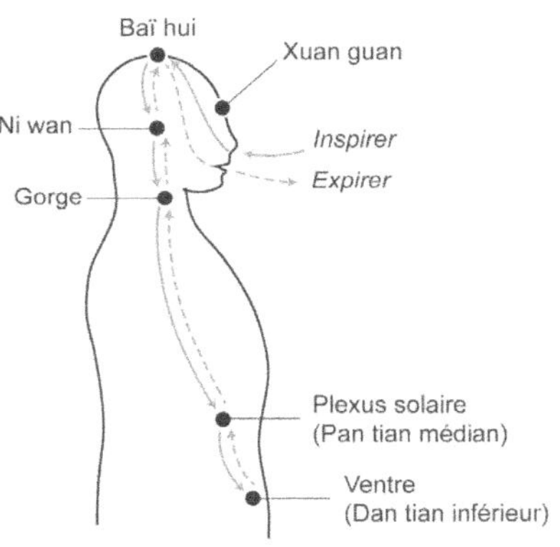

Pour les femmes

Faites le chemin étudié hier, jusqu'au Ni wan, puis continuez la descente sur l'inspiration par l'arrière en visualisant la petite bosse sur l'arrière de la tête (Yu zhen), entre les omoplates (Jia ji) et entre les reins (Weï lu ou Ming men). À l'expiration, vous empruntez le même

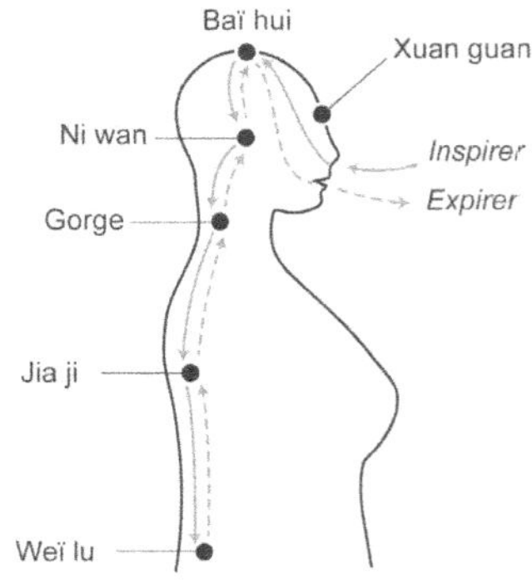

chemin à l'envers : Weï lu, Jia ji, Yu zhen, Ni wan, Baï hui, Xuan guan et la bouche.

Pratiquez les trois portes de lundi pendant deux minutes, puis pour chacune des trois nouvelles portes pratiquez deux minutes. Votre temps total sera donc de huit minutes (hors préparation de cinq minutes).

Mercredi

Tout d'abord, cinq minutes de respiration destinées à apaiser l'esprit et amener le souffle au Dan tian.

Pour les hommes

Faites le chemin à l'inspiration jusqu'au Dan tian inférieur, puis visualisez plus bas et à l'intérieur le point Guan yuan. De ce point, vous descendez jusqu'au Huï yin (entre l'anus et les organes génitaux). Au retour à l'expiration, toujours par le devant, remontez jusqu'à la bouche : Huï yin, Guan yuan, nombril, plexus solaire, gorge, Ni wan, Baï hui, Xuan guan.

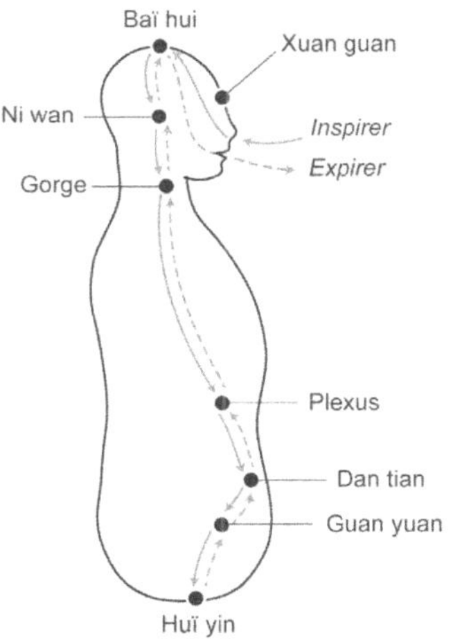

Pour les femmes

Faites le chemin à l'inspiration jusqu'au Weï lu et poursuivez vers le Guan yuan puis le Huï yin (entre l'anus et les organes génitaux). Pour remonter sur l'expiration sur l'arrière, faites le chemin inverse : Huï yin, Guan yuan, Weï lu, Jia ji, Yu zhen, Ni wan, Baï hui, Xuan guan et bouche.

C'est au niveau du Guan yuan, que les « routes » hommes/femmes se rejoignent à l'inspiration et se séparent à l'expiration.

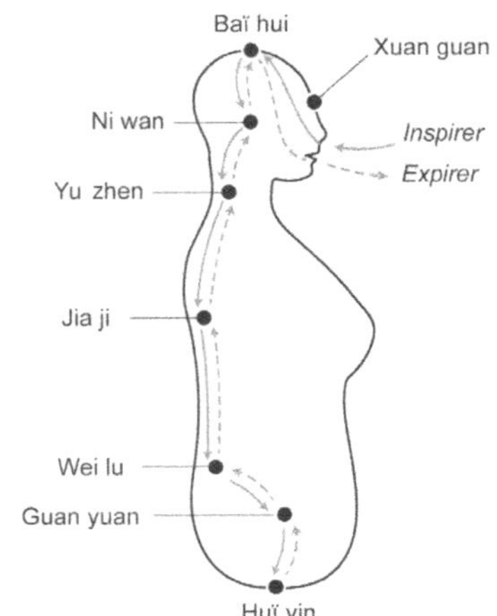

Le conseil du prof

Travaillez sur chaque nouvelle porte (deux aujourd'hui) pendant deux minutes. Puis sur celles de lundi et mardi ensemble pendant quatre minutes.

Jeudi

Travail sur le Daï maï (méridien périphérique) au niveau de la ceinture.

Pratiquez d'abord cinq minutes la respiration pour apaiser l'esprit et amener le souffle au Dan tian.

Pour les hommes

Concentrez-vous maintenant sur le Dan tian et sur le point qui se trouve à son opposé sur l'arrière du corps entre les reins : le Weï lu. Imaginez à l'inspiration le souffle qui se divise en deux à partir du Dan tian et part de chaque côté jusqu'au Weï lu. À l'expiration, faites le chemin inverse.

Temps de pratique : cinq minutes.

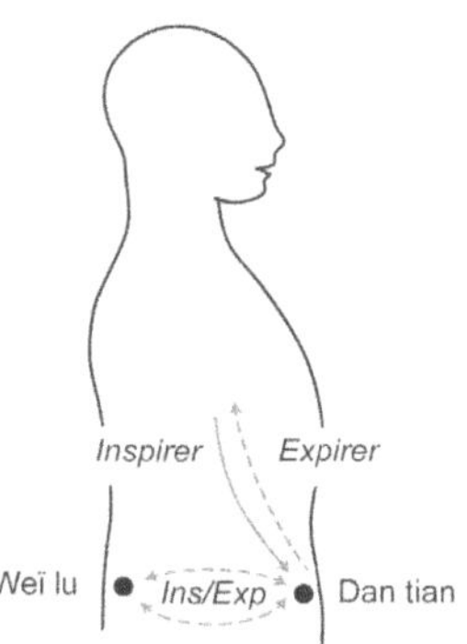

Pour les femmes

À l'inspiration, imaginez que le souffle se divise en deux au niveau du Weï lu et part de chaque côté vers le Dan tian, pour se réunir. À l'expiration, faites le chemin inverse.

Temps de pratique : cinq minutes.

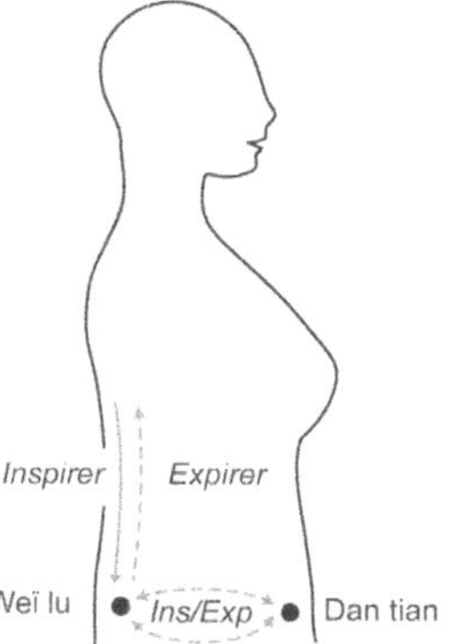

Le conseil du prof

Aujourd'hui, homme comme femme, vous vous concentrerez exclusivement sur l'ouverture de ce méridien ceinture appelé le Daï maï. Donc inspirez jusqu'au Dan tian (hommes) ou Weï lu (femmes), faites la ceinture et expirez en repartant du Weï lu vers le Dan tian (hommes) et du Dan tian vers le Weï lu (femmes).

Vendredi

Travail : Huï yin et Baï hui

Cinq minutes de respiration préliminaire comme chaque jour.

Cet exercice est commun aux hommes et aux femmes.

À l'inspiration, le Huï yin s'ouvre et le Baï hui se ferme. À l'expiration, le Huï yin se ferme et le Baï hui s'ouvre.

C'est seulement au niveau du Huï yin que vous pourrez sentir le mouvement. Mais concentrez-vous également sur le travail du Baï hui en même temps.

Inspiration : Huï yin, Guan yuan (en bas). Ni wan, Baï hui (en haut).

Expiration : idem.

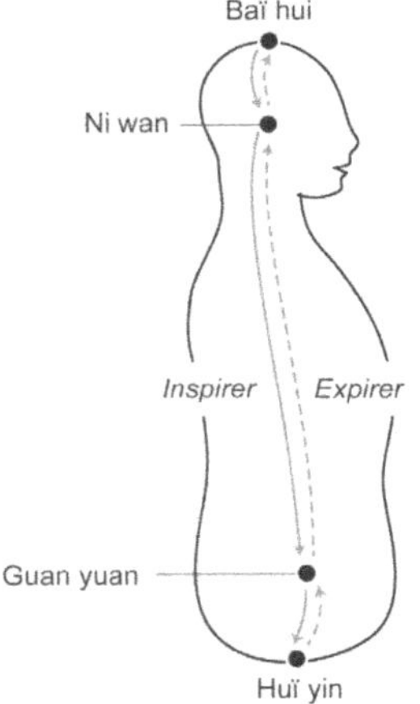

Pratiquez pendant cinq minutes.

Vous travaillez les méridiens Yin meï (en bas) et Yang meï (en haut).

Samedi

Cinq minutes quotidiennes de respiration préliminaire.

À partir de maintenant vous adopterez la position des mains suivante :

- **Pour les hommes** : la pointe du pouce droit à l'intérieur de la main gauche entre le majeur et l'annulaire. La pointe du majeur droit sur le dessus de la main gauche entre le majeur et l'annulaire. Pouce et majeur de la main gauche se rejoignent (vous avez formé deux anneaux).

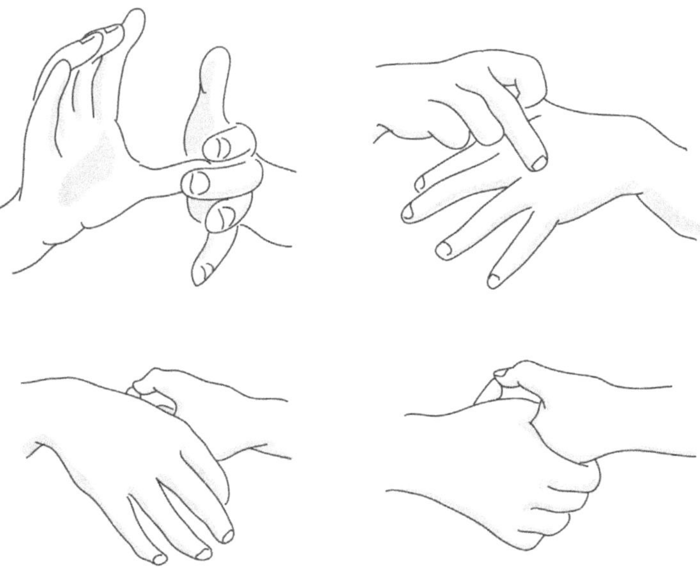

- **Pour les femmes** : la pointe du pouce gauche à l'intérieur de la main droite entre le majeur et l'annulaire. La pointe du majeur gauche sur le dessus de la main droite entre le majeur et l'annulaire. Pouce et majeur de la main droite se rejoignent (deux anneaux).

Pour les hommes

Faites le trajet à l'inspiration, jusqu'au Huï yin. Puis expirez en remontant *par l'arrière* en visualisant le Guan yuan, Weï lu (entre les reins), Jia ji (entre les omoplates) et Yu zhen.

Temps de pratique : cinq minutes pour le travail déjà accompli les jours précédants, plus deux minutes par nouvelle porte du jour (soit en tout onze minutes).

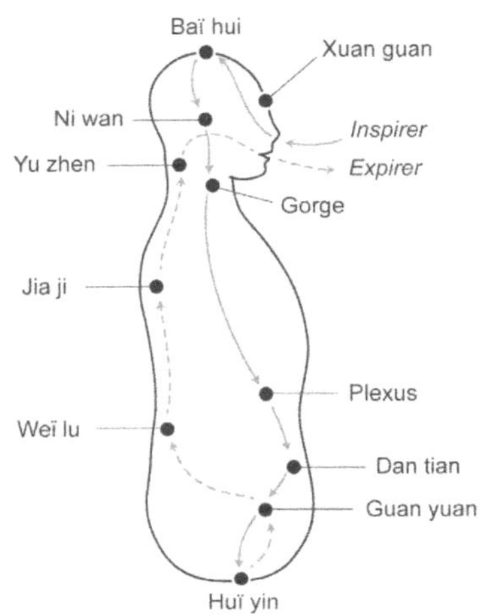

Pour les femmes

Faites le trajet à l'inspiration jusqu'au Huï yin, puis en expirant remontez *par le devant* en visualisant le Guan yuan, Dan tian inférieur (trois doigts sous le nombril), plexus solaire et gorge.

Temps de pratique : cinq minutes pour le travail déjà accompli les jours précédants, plus deux minutes par nouvelle porte du jour (soit en tout onze minutes).

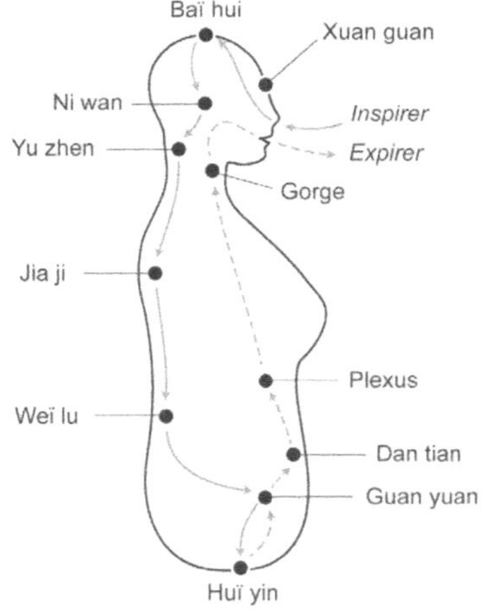

Le conseil du prof

À partir d'aujourd'hui, nous commençons à faire le cercle, c'est pourquoi je vous ai demandé d'avoir la position des mains particulière qui ferme ce cercle.

À l'inspiration, le *Qi* remonte devant jusqu'au diaphragme (Dan tian médian). À cet endroit, il est obligé de passer par une « fourche » dont les deux branches vont faire le tour des seins, afin d'être absorbé à ce niveau pour pénétrer vers les organes. C'est le point qui correspond au Jia ji dans le dos chez les hommes. Ensuite, le *Qi* continue son chemin vers la gorge.

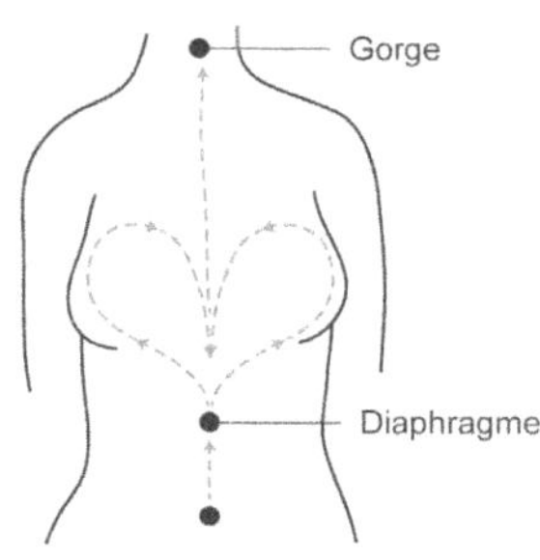

Dimanche

La « petite révolution céleste »

On parle de « petite révolution céleste » parce que nous pratiquons un circuit de la tête à l'anus, sans intéresser les jambes. Si le circuit les incluait, nous parlerions alors de « grande révolution céleste ».

Pratiquez d'abord quinze minutes de centrage.

Pour les hommes

Inspiration par le nez, passez par le Xuan guan, Baï hui, Ni wan. Descendez par devant : gorge (Dan tian supérieur), plexus solaire (Dan tian du milieu), trois doigts sous le nombril (Dan tian inférieur), Guan yuan, Huï yin.

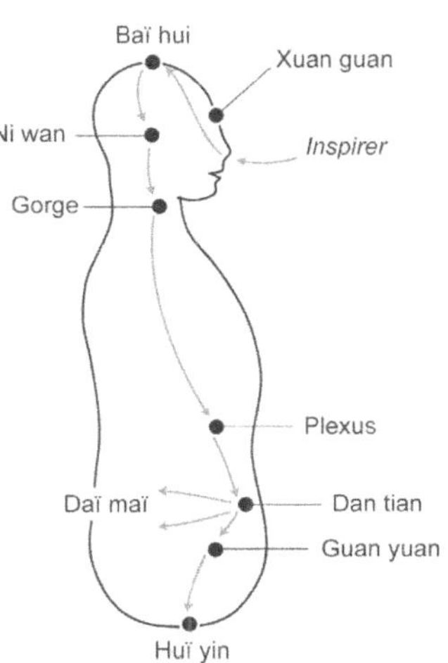

En passant au niveau du Dan tian inférieur, n'omettez pas le méridien périphérique : Daï maï.

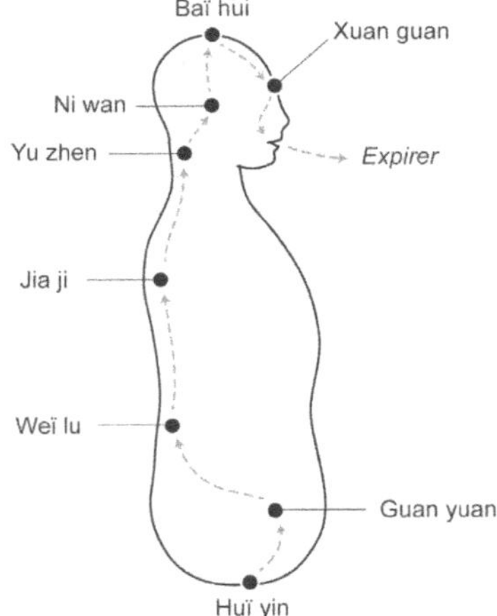

Expiration par la bouche, remontez au Guan yuan. Passez par l'arrière du corps, Weï lu, Jia ji, Yu zhen, Ni wan, Baï hui, Xuan guan et bouche.

Pour les femmes

Inspiration par le nez, passez par le Xuan guan, Baï hui, Ni wan. Puis descendez sur l'arrière, Yu zhen, Jia ji, Weï lu, Guan yuan, Huï yin.

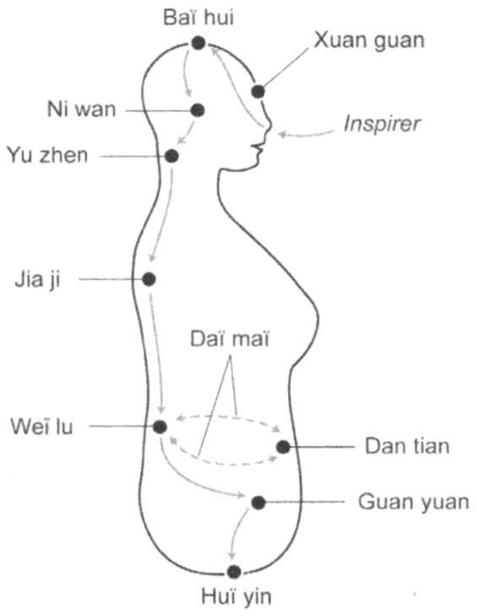

Au niveau du Weï lu, n'omettez pas le méridien périphérique Daï maï.

Expiration par la bouche, remontez vers le Guan yuan, puis par l'avant vers le Dan tian inférieur (trois doigts sous le nombril), le Dan tian du milieu (plexus solaire), le Dan tian supérieur (gorge), Ni wan, Baï hui, Xuan guan et la bouche.

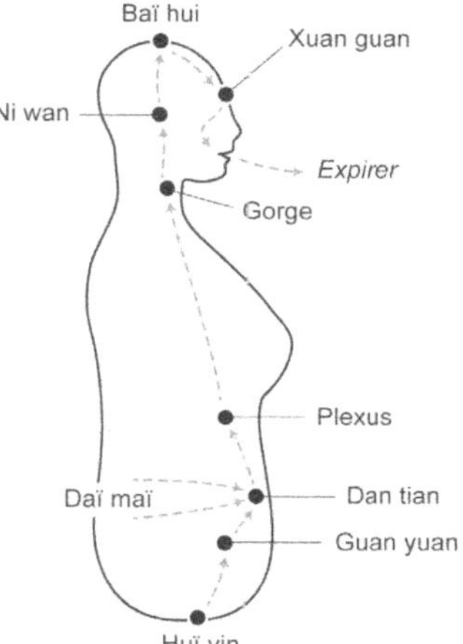

Important ! Hommes et femmes, n'oubliez pas dix minutes de retour avant de quitter la position.

Bilan de la pratique

Durant ces trois semaines, nous avons fait un cheminement vers l'unité. Avant de commencer à pratiquer, nous étions multiples : chacun de nos comportements dans différents milieux et en fonction des personnes que nous côtoyons sont autant de facettes de notre personnalité sans toutefois être réellement nous.

Dans la première semaine de pratique, nous réduisons le multiple à cinq. Nous prenons conscience des cinq individualités que sont nos cinq sens. Par le travail, nous comprenons qu'il est à la fois possible de les développer en les stimulant individuellement, mais aussi de les recentrer en les tournant vers l'intérieur.

Pendant la deuxième semaine, du cinq nous passons au deux : le haut et le bas du corps. La posture assise et détendue permet de concentrer les sens au bas du corps, dans le Dan tian exactement. Elle permet également d'apaiser notre corps et notre esprit.

La troisième semaine est celle de l'unité. Notre énergie enfin libérée peut tenter de circuler et gravir le « corps montagne ».

Il faut voir cette pratique comme une élévation spirituelle pyramidale : du multiple – la base –, nous montons au sommet – l'unité. Tandis que le corps s'enracine dans la terre.

En méditation, les personnes jeunes obtiennent plus rapidement des résultats. Mais du fait de leur jeunesse, elles usent plus rapidement leur *Qi*. Une personne en bonne santé obtiendra également des résultats assez rapides, tandis qu'une personne âgée ou en mauvaise santé mettra plus de temps. Peu importe, ce qui compte, c'est de pratiquer régulièrement sans se décourager et sans rechercher à tout prix un résultat particulier. On renforce son *Qi* par la méditation taoïste.

Dès que le *Qi* circule, les méridiens s'ouvrent et son action intervient particulièrement sur les hormones et les glandes endocrines régularisant tout le système lymphatique.

CHAPITRE 8

PRINCIPES DE BASE POUR UNE BONNE PRATIQUE

Il existe quatre mots d'ordre :

- Relaxation ;
- Concentration ;
- Mobilisation de l'énergie ;
- Travail du mental.

Soyez simple ! Ne cherchez ni résultats ni effets particuliers.

Soyez sincère ! Ne forcez rien, soyez juste présent. Si le flux de vos pensées est trop intense, laissez-le passer, ne luttez pas. Si vous n'y arrivez pas, arrêtez-vous et reprenez la pratique à un autre moment plus favorable.

Soyez régulier ! Peu, mais régulièrement est préférable à beaucoup de temps en temps.

Une bonne attitude : *la détente*

La détente réelle ne peut se concevoir que dans l'acceptation de la vie, avec ses joies mais aussi avec ses peines, ses souffrances et ses diverses pressions. L'issue n'est pas dans la fuite mais dans l'acception.

Face au sentiment d'insécurité et d'impuissance devant les événements, nous répondons bien souvent par un excès d'orgueil et d'agressivité. Cette armure nous coûte cher, elle est facile à construire mais tellement longue et difficile à démolir, il nous faut tellement d'énergie pour la soutenir qu'elle nous affaiblit. Alors que cette même énergie ne demande qu'à être utilisée pour nous renforcer tel que nous sommes réellement.

Tensions et *Qi* sont incompatibles. Les tensions vous « décollent » du sol, elles font monter l'énergie. Seule la relaxation permet l'enracinement. Il faut absolument, pour trouver la détente, inverser le processus qui nous pousse à penser que ce sont les situations de crise qui causent notre dysharmonie, alors qu'il n'en est rien, nous créons nous-même cet état. L'extérieur ne peut pas, ne doit pas nous imposer une réponse. La force est au creux de nous-même. Cette force, c'est l'esprit associé au *Qi* grâce à la méditation.

Entre la culpabilité du passé et l'anxiété du futur se trouve la détente du moment présent : seul instant plein, unique et tellement furtif, un clignement de paupières et l'instant est passé. Mais si une fois dans votre vie vous arrivez à être là juste à cet instant, vous transcendez le temps : vous « ÊTES ». Il n'y a pas à philosopher, ça se pratique, ça se vit, un point c'est tout. C'est l'harmonie du Tao. L'enfant connaît cela, le bébé, avant de savoir, avant qu'on lui ait dit : « Tu es cela… », « Tu t'appelles comme ça… », « Ça, c'est bien… ça, c'est mal… », « Ça, c'est une rose… ». Montrez une rose à un bébé : soit il sourit, il apprécie. Soit il s'en désintéresse. Mais en tout cas il est entier dans sa réaction. Il se fiche complètement que cette chose s'appelle une rose ou autrement. Il aime ? Béatitude. Ça ne l'intéresse pas ? Il passe à autre chose. Et vous, la dernière fois que vous avez été entier, c'était quand ?

Un bébé n'est pas violent, un bébé n'est pas voleur, un bébé n'est pas raciste : il EST. Nous étions et, par la méditation, nous voulons à nouveau ÊTRE. Mais attention : c'est un moyen, mais pas une garantie. Tout dépend de vous : soyez simple, sincère, régulier et surtout n'attendez rien, à la différence de notre monde moderne où l'on veut du résultat. Désolé, vous ne pouvez pas entrer dans un magasin et demander le « pack méditation » avec la garantie remboursement si ça ne marche pas !

Avec le Tao, on reçoit ce que l'on donne.

CHAPITRE 9

« S'HABITER SOI-MÊME » POUR HABITER LE MONDE

Au programme

- Première étape : découvrir que nous respirons
- Deuxième étape : se détendre
- Troisième étape : apaiser l'esprit

La méditation est une rencontre quotidienne avec nous-même. Comme pour toutes les rencontres, il faudra d'abord prendre un « rendez-vous », car vous êtes très occupé et pratiquement jamais là. Surtout vous êtes tellement multiple : au travail, chez vous, dans vos loisirs. En fonction des personnes, vous aurez un visage et des attitudes différents : celui ou celle que vous êtes au travail devant un supérieur ou un subordonné sont deux « masques » différents, avec chaque membre de votre famille encore autant de masques, même seul vous êtes masqué. Savez-vous comment s'appelle cette collection de masques ? Elle se nomme « le regard des autres ». Vous êtes à la fois ce que vous voulez que les autres voient et ce qu'ils vous reflètent. Si vous voulez paraître riche ou si vous l'êtes effectivement, vous vous habillerez en conséquence pour que personne ne puisse se tromper sur le message que vous voulez montrer.

Les autres vous voient aussi d'une certaine façon, qui est le reflet de ce qu'ils ont envie de voir et qui peut également rassurer leur ego. Ainsi, par exemple, si tout le monde se met à vous regarder comme quelqu'un de malade, vous allez à force devenir ce qu'ils pensent : quelqu'un de malade. Les couches de masques, les reflets des autres et l'épaisseur de l'armure font que vous oubliez complètement que tout cela n'est pas vous. Vous êtes même persuadé que cet « agglomérat », c'est vraiment vous.

Les personnes que vous fréquentez sont celles qui vous confortent dans cette idée. Si, un jour, l'un d'entre eux découvrait votre moi profond il s'enfuirait, c'est du moins ce que vous pensez. Qui va conforter votre ego ? C'est vrai, les moins « sincères » partiraient pour la simple raison que vous ne rassureriez plus leur ego. Jusque-là ils pensaient : « celui-là, il est bien (un peu moins que moi quand même !) parce qu'il me trouve bien ». Mais si d'un coup vous n'êtes plus un reflet, le gouffre sans fond les fait fuir. Pour les autres, ceux qui restent, vous allez devenir « une perle rare » car nul n'est plus riche que celui qui se connaît lui-même et qui s'accepte tel qu'il est (dans le véritable sens du terme : une présence totale, une union, une unité, le UN). Nous tous nous avons cela en nous. Lorsque saint Thomas cite les paroles d'un certain Jésus qui dit : ***« Le royaume, il est en vous et tout autour de vous »***, c'est de cela qu'il parle. Ne cherchez pas chez le voisin ou au bout du monde. Ce n'est pas non plus sur la lune, imaginez : pour aller sur la lune il faut une fusée, donc plein de super techniciens qui la fabriquent, il faut des hommes extrêmement entraînés pour l'habiter, des ingénieurs pour la contrôler, tout ça pour découvrir qu'il n'y a rien. Le voyage, le véritable, n'est pas vers l'extérieur mais bien vers l'intérieur : financièrement ça ne coûte rien, on n'a besoin de personne. C'est vrai, ça n'intéresse personne, pas de presse, pas de télé.

L'ego, « votre » ego même, lui, se dit : « il ne veut plus de moi », « je ne sers à rien » et il tentera tout pour vous récupérer. C'est un lourd manteau qu'il faut quitter. C'est pourquoi certains disent qu'il faut être nu comme l'enfant qui vient de naître.

Bien évidemment il ne s'agit pas de la nudité physique. Un enfant qui naît n'a pas d'ego. Parlez-lui du bien, du mal, du beau, du laid, du riche, du pauvre, il va vous regarder avec un grand sourire. Bientôt vous allez l'habiller, en fait il devrait pleurer, forcément cela dérange quelqu'un qui n'est pas comme nous, qui ne pense pas ce qu'il faut penser, alors il faut l'habiller. Ce n'est pas une formation, c'est un « formatage » : il faut manger parce que « c'est l'heure » pas parce ce que le corps réclame et qu'il a faim, il faut faire ci et pas ça, penser ci et pas ça… autant de petits pas quotidiens qui nous éloignent de notre nature véritable et nous font oublier qui nous sommes. Bien sûr, il faut vivre en respectant les règles de la société, mais rien n'interdit à chacun d'avoir intérieurement son espace vital où l'*être* peut s'épanouir. Il ne s'agit pas d'être contre le formatage, il faut juste le prendre pour ce qu'il est : de l'externe, c'est tout, rien à voir avec vous.

Lao Tseu a dit : « Le Tao c'est le retour. » Revenir à l'état primordial, c'est tellement difficile pour nous, mais c'est possible : tout d'abord, il faut prendre un rendez-vous, pas avec votre psy, juste avec vous.

Pour que cette rencontre ait lieu, il suffit de s'asseoir et faire le calme, autour de soi et en soi.

Première étape : découvrir que nous respirons

Cet acte quotidien nous est complètement étranger dans la vie courante. Occasionnellement, quand nous faisons du sport, nous devons en prendre conscience et respirer d'une certaine façon. Quand nous jouons de la musique, il faut respirer d'une autre. Assis au calme, il y a aussi une manière de respirer. Fermez les yeux et « écoutez » votre respiration, « regardez » vers l'intérieur. Une fois cette respiration apaisée, il vous faudra l'utiliser pour chercher la détente corporelle.

Deuxième étape : se détendre

Cela implique de prendre conscience que vous n'êtes que tensions. Cela se fait petit à petit et prend du temps. Quelques points clés pour lâcher ces tensions :

- La nuque et les épaules : dès que vous les détendez le haut du corps se relâche.
- Les lombaires et le bassin : leur détente provoque la détente du bas du corps.

Pratiquez-le, ressentez-le, vivez-le : ne me croyez pas sur parole.

Troisième étape : apaiser l'esprit

Dès que vous respirerez consciemment et que votre corps se détendra, vous allez sentir votre esprit se libérer ; c'est-à-dire que le flot de vos pensées va s'écouler. Ne l'arrêtez surtout pas, laissez-le couler. Il s'agit du « transport en commun » qui vous amène à vous-même. Rien de mystique dans tout cela, juste la fin du voyage vers la rencontre de votre Moi.

Le seul et unique objectif est de vous connaître, vous accepter et faire « corps ensemble ». Si pour certains le mysticisme doit venir, il viendra. D'ailleurs il n'est même pas nécessaire de méditer pour cela. Il peut venir au travers de la musique, de la peinture, etc.

En trois étapes, vous avez pris rendez-vous et vous vous êtes rencontré :

- S'asseoir et respirer : c'est se rendre disponible pour un rendez-vous.
- Se détendre : c'est appeler pour prendre le rendez-vous.
- Lâcher le mental : c'est attendre et se rencontrer enfin.

Ces trois étapes, vous les avez trouvées dans la partie pratique de ce livre : la terre/l'homme/le ciel :

* La terre : la respiration, tout sur terre respire ;
* L'homme : le corps, l'enveloppe venue de la terre ;
* Le ciel : le spirituel, l'*être*.

Pourquoi Jésus s'appelle « Je suis » ?

Pourquoi Bouddha signifie « éveillé » ?

La question n'est pas de devenir comme eux, mais *d'être soi* intensément et profondément. Ce qui ne vous empêche nullement de vivre votre vie en société avec ses règles imposées et pourquoi pas d'aller sur la lune. Mais au moins vous aurez fait l'*essentiel*. (Réfléchissez sur l'étymologie de ce mot !)

N'oubliez pas que vous faites partie de la nature et que la nature fait partie de vous. C'est un livre ouvert quotidiennement devant vos yeux, mais que très peu savent lire. Observez, le miracle est là, devant vous. Le meilleur livre sur la méditation est écrit dans la nature. Il vous est juste demandé d'être présent. Ne pensez pas à demain, ne soyez pas pressé d'y être. Vous ne savez pas ce que cela peut entraîner. Supposez que votre ami le plus proche meure aujourd'hui. Être pressé d'être à demain voudrait dire être pressé qu'il soit mort, tout simplement. Alors soyez là aujourd'hui, maintenant. Vivez ce qui arrive avec bonheur, ne vous souciez pas du reste. La nature, votre nature, est bien faite. Mais respectez-la. Vous ne pouvez peut-être pas aller replanter des arbres en Afrique, mais au moins vous pouvez vous respecter vous-même. Il devient urgent de travailler sur l'humain, avant qu'il ne perde toute humanité. La méditation taoïste, c'est le fait de planter un « arbre intérieur » pour que germe l'être humain en chacun de nous.

BIBLIOGRAPHIE

CLEARY Thomas, *Le Secret de la fleur d'or*, Éditions Pocket, collection l'Age d'Être, 1995.

DESPEUX Catherine, *Taoïsme et corps humain*, Guy Trédaniel Éditeur, 1994.

CHARLES Georges, *La Cuisine chinoise*, Société éditrice Arys, revue Tao Yin H.S.1, 1997.

LAGERWEY John, *Le Continent des esprits : la Chine dans le miroir du taoïsme*, Bruxelles, La Renaissance du livre, 1993.

LELOUP Jean-Yves, *L'Évangile de Thomas*, Éditions Albin Michel, collection Spiritualités vivantes, 1986.

Osho, *Médecine et méditation*, Éditions Almasta, 2009.

PHILASTRE Paul Louis Félix, Annales du musée Guimet, *Le Yi king*, Paris, J. Maisonneuve, 1982.

TAWN K., *Les Exercices secrets des moines taoïstes*, Guy Trédaniel Éditeur, 1990.

YEN-NIEN Wang, *Stage de méditation taoïste à Saint-Germain-en-Laye*, Association : Centre Parisien du Taï chi chuan, 1995.

YEN-NIEN Wang, *Yangjia michuan taï chi chuan*, the Grand Hotel T'ai Ch'uan Association, 1993.

Dans la même collection

Dépôt légal : mai 2014
Imprimé en Allemagne par BoD